投资最重要的事

全新升级版

THE MOST IMPORTANT THING ILLUMINATED

顶尖价值投资者的忠告

[美] 霍华德·马克斯（Howard Marks）◎著

克里斯托弗·戴维斯（Christopher Davis） 乔尔·格林布拉特（Joel Greenblatt）
保罗·约翰逊（Paul Johnson） 塞思·卡拉曼（Seth Klarman） ◎点评

李莉 石继志◎译

中信出版集团·CHINACITICPRESS·北京

图书在版编目（CIP）数据

投资最重要的事：全新升级版 /（美）马克斯著；李莉，石继志译．—2 版．—北京：中信出版社，2015.9（2019.1 重印）
书名原文：The Most Important Thing Illuminated: Uncommon Sense for the Thoughtful Investor
ISBN 978-7-5086-5410-2

I. ①投… II. ①马… ②李… ③石… III. ①私人投资-基本知识 IV. ①F830.59

中国版本图书馆 CIP 数据核字（2015）第 183206 号

投资最重要的事——顶尖价值投资者的忠告

著　　者：[美] 霍华德 · 马克斯
译　　者：李　莉　石继志
策划推广：中信出版社（China CITIC Press）
出版发行：中信出版集团股份有限公司
（北京市朝阳区惠新东街甲 4 号富盛大厦 2 座　邮编　100029）
（CITIC Publishing Group）
承 印 者：北京通州皇家印刷厂

开　　本：787mm×1092mm　1/16　　印　　张：17　　字　　数：160 千字
版　　次：2015 年 9 月第 2 版　　印　　次：2019 年 1 月第 32 次印刷
京权图字：01-2011-7586　　广告经营许可证：京朝工商广字第 8087 号
书　　号：ISBN 978-7-5086-5410-2 / F · 3448
定　　价：69.00 元

服务热线：010-84849555　　服务传真：010-84849000
投稿邮箱：author@citicpub.com

献给南希、简和安德鲁，我全心全意地爱着你们

The
Most Important
Thing
Illuminated

目　录

与世界不确定的认识相伴而行的其他表现为：适度尊重风险，知道未来不能预知，明白未来是概率分布的并相应地进行投资，坚持防御性投资，强调避免错误的重要性。在我看来，这就是有关聪明投资的一切。

关键是平衡。投资者除了防守外，还需要进攻，但这并不意味着他们无须重视二者的比重。投资者如果想获取更高的收益，通常要承担更多的不确定性——更多的风险。投资者如果想得到高于债券收益的收益，他们就不可能单纯靠规避损失来达到目的。选择怎样的投资方式，需要谨慎而明智地做出决策。

在我看来，设法避免损失比争取伟大的成功更加重要。后者有时会实现，但偶尔失败可能会导致严重后果。前者可能是我们可以更经常做的，并且更可靠……失败的结果也更容易接受。

所有股票投资者并非都从一张白纸开始，而是存在着简单模仿指数的可能性。他们可以走出去，按照市场权重被动地买进指数内的股票，在这种情况下他们的收益会和指数保持一致。或者他们可以通过积极投资而非被动投资来争取更好的表现。

在投资中坚持完美往往会一无所获，我们所能期待的最佳情况是尽可能地进行大量的明智投资，在最大程度上规避糟糕的投资。

我把成功投资的任务托付给你，它会带给你一个富有挑战的、激动人心且发人深省的旅程。

买好的，更要买的好

——价值投资最重要的事

“对于价值投资者来说，必须以价格为根本出发点。”

杰出投资的要素是什么？价格是主要因素。“我们的目标不在于‘买好的’，而在于‘买的好’。”

“以低于价值的价格买进，这才是投资的真谛。”

你没看错！这确实是巴菲特推崇的价值投资大师、美国橡树资本管理公司创始人霍华德·马克斯在他的著作《投资最重要的事》（全新升级版）一书中反复强调的价值投资最重要的原则之一。

按照我的理解：“买好的”说的是价值，“买的好”说的是价格。价值评估和价格判断，是价值投资的一体两面，缺一不可。关于如何做价值评估和价格判断，大师已经在这本书里做了深入浅出的讲解。股票价格的形成受三方面因素的约束：一是公司基本面因素，二是市场技术因素，三是人的心理因素。关于心理因素对股票价格的影响程度，马克斯说：“投资者心理几乎可以导致证券在短期内出现任何定价，而无论其基本面如何。”在这里，我们似乎找到了价值投资与行为金融学的某些相通之处。看来，价值投资理论是行为金融学的营养基础，而行为金融学也为价值投资理论发展贡献了新意。

我从事资产管理事业多年，屡屡观察到一些信奉价值投资理念的基金经理，在投资那些周期性股票时，与常人的行为相反。他们总是在那些行业平均市盈率高企时选择买入其中的某些股票，而在它们的平均市盈率降下来后，却卖出那些股票。表面上看，他们是买在高点（高市盈率），卖在低点（低市盈率），其实不然。当行业处于周期低谷的时候，即使是最好的公司，它也可能面临经营压力，盈利难求，市盈率高企。但如果该行业即将复苏，那么基金经理应该在行业复苏前、市盈率高企时，买入行业里最好的公司的股票，等待行业复苏带来的公司盈利大幅增长，从而收获股价的大幅上涨。要知道，周期性行业公司股价的上涨，大部分都是盈利上涨带来的，而不是股票估值水平提升带来的。这在很大程度上也可以解释为什么现在A股蓝筹股市盈率在个位数，而股价却不能如我们很多投资者所希望的那样上涨之原因。

买好的，更要买的好！买的好的“好”字，指的是价格要好，要以低于价值的价格买入好公司的股票。但我们一定不要教条地认为，买入的价格低就是买的好，上面的例子告诉我们，有时候买的高也是可以买的好的。价值投资者与成长投资者的一个区别是，价值投资者是防守型投资，他们不主动出击去追捧股票，他们相信时间的价值，愿意寂寞地等待价值的回归，并坚信最终的荣耀属于价值投资者。要更好地理解价值与价格的一体两面的关系，我们一定要加入时间的坐标。

另外值得一提的是，马克斯在书中多处就杠杆投资发表了自己的看法。在现时现刻来读这些睿智的思想，好像是专门针对我们中国投资者来说的：“杠杆不会使投资变得更好，也不会提高获利概率。它只是把可能实现的收益或损失扩大化，这个方法还引入了全盘覆灭的风险。”马克斯认为投资面临的风险不是波动性，而是资产永久损失的可能性。而杠杆投资不能改变价值，不能改变获利的概率，只是改变了投资者的风险收益结构，放大了资产永久损失的可能性。霍华德的朋友布鲁斯 · 纽伯格说过："概率与结果之间存在巨大的差异。可能的事情没有发生（不可能的事情却发生了）向来如此。"一块硬币即使连续抛出了 10 次正面，第 11 次出现正面的概率仍然是 50%。我们一般都认为只有高风险才能带来高收益，其实大部分时候我们承受了高风险，得到的却是资产的损失。不久前，不少人在 A 股市场的遭遇，足以证明这个观点无比的正确，也无比的有用。价值投资者追求的是低风险下的高收益，他们坚守原则，敬畏市场，从不预测，耐心守候，直至胜利！

这是一本适合所有投资人阅读的价值投资名著。它将价值投资的原则和方法写得那么直指要害，那么发人深思，那么简洁明了，那么适合操作，在阅读中，能让人体会到价值投资的美好与愉悦！

肖风

中国万向控股有限公司副董事长

浙商基金管理有限公司董事长

The
Most Important
Thing
Illuminated

推荐序 2

一本巴菲特读了两遍的投资书

第一，很少推荐书籍的巴菲特为什么如此推荐霍华德·马克斯的书?

巴菲特很少推荐投资书籍，2011 年他却大力推荐霍华德·马克斯的书《投资最重要的事》，而且说他读了两遍。

霍华德·马克斯的投资业绩接近于巴菲特，他的投资理念和巴菲特非常相似，他对巴菲特非常推崇："我认为巴菲特是一个伟大的投资者。"

他们两个人还有一点相似的是，全球投资者非常期待巴菲特每年写给股东的信，而专业投资者同样非常期待霍华德·马克斯写的投资备忘录。

你肯定想不到，巴菲特也非常重视阅读霍华德·马克斯写的投资备忘录："当我看到邮件里有霍华德·马克斯写的投资备忘录，我做的第一件事就是马上打开阅读。现在我读他的书又重读了这些备忘录。"

霍华德·马克斯的这本《投资最重要的事》，其实就是他自己过去 20 年写的投资备忘录的精华集锦。

巴菲特本人的投资水平极高，他推荐的投资书籍极少，怎么会如此推荐霍华德·马克斯的这本书呢？

一是英雄所见略同。两个人都是正宗的价值投资者，都非常信奉格雷厄姆提出的价值投资基本原则。霍华德·马克斯几乎每一章都会引用巴菲特的话，可见他和巴菲特的投资思想是多么相同。

二是英雄各有所长。巴菲特擅长把非常复杂的投资哲理用非常简单易懂的话说出来；霍华德·马克斯则擅长结合自己的投资经验把价值投资基本原则的实践应用解释得非常务实，并结合最新的经济情况和市场情况提出自己的独到见解。

巴菲特最初主要是投资股票，后来更多是收购和经营企业，而霍华德·马克斯完全是证券投资，而且主要是股票投资。所以说从这一点来看，霍华德·马克斯的这本书相当于专门解读自己的股票投资想法、操作方法和心法，他和巴菲特的投资基本原则完全相同，但他讲的比巴菲特更加专注于股票投资，更加详细，更加具有操作性，所以这本书对于以股票为主的投资者更有实践上的借鉴意义。

第二，霍华德·马克斯这本书的核心讲的是超越市场的价值投资“降龙十八掌”。

霍华德·马克斯这本书的中心思想非常明确：如何取得超越市场平均水平的投资业绩？

这个投资目标看似简单，但是要做到相当不简单。他一开始就引用格雷厄姆的话：“投资艺术有一个特点不为大众所知。门外汉只需些微努力与能力，便可以取得令人尊敬（即使并不可观）的结果。但是如果想在这个容易获取的标准上更进一步，则需要更多的实践和智慧。”

如何才能战胜市场呢？

格雷厄姆给出的答案非常精辟：“要想在证券市场上取得投资成功，第一要正确思考，第二要独立思考。”

巴菲特强调投资成功必须将用脑和用心相结合：“要想在一生中获得投资的成功，并不需要顶级的智商、超凡的商业头脑或秘密的信息，而是需要一个稳妥的思考框架作为决策的基础，并且有能力控制自己的情绪，使其不会对这种思考框架造成侵蚀。格雷厄姆的书能够准确和清晰地提供这种思考框架，但对情绪的约束是你自己必须做到的。”

霍华德·马克斯说得更加直白：“记住，你的投资目标不是达到平均水平；你想要的是超越平均水平。因此，你的思维必须比别人更好——更强有力、水平更高。其他投资者也许非常聪明、消息灵通并且高度计算机化，因此你必须找出一种他们所不具备的优势。你必须想他们所未想，见他们所未见，或者具备他们所不具备的洞察力。你的反应与行为必须与众不同。简而言之，保持正确可能是投资成功的必要条件，但不是充分条件。你必须比其他人做得更加正确……其中的含义是，你的思维方式必须与众不同。”

霍华德·马克斯把超越市场平均水平必须的与众不同的思维称为“第二层次思维”。为什么说是第二层次呢？因为高人一等，胜人一筹。投资是一门科学，更是一门艺术，而投资艺术和其他艺术一样，要想卓越出众，既要多用脑，又要多用心：一是如何用脑来进行与众不同的第二层次的思考和决策，想法比一般人更深一层；二是如何用心来坚持与众不同的第二层次的思考和行动，行动上比一般人做得更高一层。

这本书的核心归纳为一句话：逆向思考并逆向投资。

而这正是巴菲特一再重复的他一生最基本的投资原则：在别人恐惧时贪婪，在别人贪婪时恐惧。

巴菲特在致股东的信中谈得最多的是与众不同的正确投资思考应该是什么，而霍华德·马克斯在投资备忘录中谈得更多的是根据他个人多年的实际投资经验，如何才能够做到与众不同地正确思考并行动，因为他深切体会到，在投资上与众不同而且是与绝大多数人都不同，短期业绩压力很大，心理压力很大，比在生活中与众不同更加困难。

霍华德 · 马克斯从他自己逆向思考并逆向投资的40多年投资经验中，总结提炼出18件投资最重要的事，也是他认为的18种最重要的卓越投资技术，而这些正是巴菲特和霍华德 · 马克斯这些价值投资大师取得长期战胜市场的优秀业绩的关键，所以我称之为价值投资者的“降龙十八掌”秘籍。

我简要概括如下：1.最重要的不是盲目相信股市总是有效或者总是无效，而是清醒认识股市相当高效而且相当难以击败，只有真正的高手才能长期战胜市场。2.最重要的投资决策不是以价格为本，而是以价值为本。3.最重要的不是买好的，而是买的好。4.最重要的不是波动性风险，而是永久损失的可能性风险。5.最重要的巨大风险不在人人恐惧时，而在人人都觉得风险很小时。6.最重要的不是追求高风险高收益，而是追求低风险高收益。7.最重要的不是趋势，而是周期。8.最重要的不是市场心理钟摆的中点，而是终点的反转。9.最重要的不是顺势而为，而是逆势而为。10.最重要的不是想到逆向投资，而是做到逆向投资。11.最重要的不是价格也不是价值，而是相对的性价比，即安全边际。12.最重要的不是主动寻找机会，而是耐心等待机会上门。13.最重要的不是预测未来，而是认识到未来无法预测但可以先做好准备。14.最重要的不是关注未来，而是关注现在。15.最重要的是认识到短期业绩靠运气，而长期业绩靠技术。16.最重要的不是进攻，而是防守。17.最重要的不是追求伟大成功，而是避免重大错误。18.最重要的不是在牛市时跑赢市场，而是在熊市时跑赢市场。

第三，巴菲特建议的最佳投资学习方式是模仿大师。

那么，我们如何才能学会巴菲特和霍华德 · 马克斯两位投资大师长期战胜市场的“降龙十八掌”呢？

巴菲特建议投资初学者最好的学习方法是模仿大师："我一直认为，对于刚开始起步的投资人来说，应该寻找已经被证明长期成功有效的投资方法，然后依葫芦画瓢照着做就行了。令人吃惊的是，这样做的人实在少之又少。"

巴菲特自己就是从模仿大师开始的："50 年前，我在哥伦比亚大学开始学习格雷厄姆教授的证券分析课程。在此之前的 10 年里，我一直盲目地热衷于分析、买进、卖出股票，但是我的投资业绩却非常一般。从 1951 年起，我的投资业绩开始明显改善，但这并非由于我改变饮食习惯或者开始运动，我唯一增加的新的营养成分是格雷厄姆的投资理念。原因非常简单：在大师门下学习几个小时的效果，远远胜过我自己过去 10 年里自以为是的天真思考。"

连巴菲特都非常重视霍华德 · 马克斯写的投资心得，我们为什么不重视呢？

既然霍华德 · 马克斯已经把超越市场的价值投资"降龙十八掌"写得如此浅显易懂又如此切实易行，为什么我们不像像郭靖那样用心模仿和练习呢？

学习价值投资的艺术，和学习打网球的艺术一样，和学习钢琴、绘画等艺术也一样，大师讲的道理相当简单，大师的基本动作也非常简单，但是要做好、做得非常熟练则相当不简单，需要长期坚持练习和实践。所以即使是巴菲特这样伟大的投资大师，80 多岁了，还在持续不断地阅读很多好的投资书籍，最近他读了而且推荐大家读的就是霍华德 · 马克斯的这本书。

巴菲特说他实际上已经读了两遍这本书了。我一听，赶紧在两个月里读了三遍。现在让我们一起再读一遍吧！

刘建位

汇添富基金公司首席投资理财师

中央电视台《学习巴菲特》节目主讲人

The
Most Important
Thing
Illuminated

中文版作者序

与许多其他领域一样，中国的投资领域专业技术水平正在不断地提高。我愿意相信，我的《投资最重要的事》——至今在中国的销量已达 15 万册——为这一过程贡献了菲薄之力。2005 年之前，我还从未到过中国。仅仅 10 年后，我已经无数次访问中国，并与成百上千位愿意采纳我的投资方法的投资者交流畅谈。

很高兴看到《投资最重要的事》全新升级版在中国出版。全新升级版增加了以下内容：

我个人的进一步评论，特别是针对几个贯穿全文的重要主题。

• 4 位投资界领军人物对初版内容的点评，分别是

o 克里斯托弗 · 戴维斯（Christopher Davis）——戴维斯投资顾问公司（Davis Advisors）的投资组合经理，股票投资领域的资深人士。

o 乔尔 · 格林布拉特（Joel Greenblatt）——哥谭资本公司（Gotham Capital）创始人及业绩卓著的执行合伙人、作家，他著有三本畅销书，

其中包括《股市稳赚》。

o 保罗 · 约翰逊（Paul Johnson）——久经考验的专业投资者，哥伦比亚大学商学院副教授。

o 塞思 · 卡拉曼（Seth Klarman）——盛名卓著的价值投资者，著有《安全边际》（*Margin of Safety*）一书。

• 哥伦比亚商学院金融资产管理中心赫尔布伦讲座教授、赫尔布伦投资中心主任布鲁斯 · 格林沃尔德（Bruce Greenwald）撰写的新前言。

• 新增了一章，将“合理预期”纳入到成功投资需要知道的最重要的事当中。

希望本书——以及本书所依托的理念——继续在中国得到广泛的支持，引发有意义的讨论，并帮助我的中国朋友们取得更大的成功。

霍华德 · 马克斯

2015 年 7 月

The
Most Important
Thing
Illuminated

全新升级版前言

20多年来，霍华德·马克斯一直在用“来自董事长的备忘录”来指导投资者。在写作《投资最重要的事》一书时，马克斯从备忘录中汲取精华，将他最重要的投资经验结集成书。毋庸赘述，他是一位杰出的投资家；同时，他又是一位伟大的导师、一位有着深邃思想的作家，《投资最重要的事》就是他对所有投资者最慷慨的馈赠。

透过《投资最重要的事》，读者不仅能够从马克斯来之不易的投资智慧中受益，还能学习三位久经沙场的投资大师——克里斯托弗·戴维斯、乔尔·格林布拉特、塞思·卡拉曼——以及哥伦比亚大学商学院副教授保罗·约翰逊的精彩洞见。这个强大的组合中的每一位评论者都为马克斯的著作贡献了独到的视角并展现出各自不同的投资风格。戴维斯似乎有着与生俱来的卓越投资能力，他的成功有赖于奉行价值投资及进行严格的行业筛选。投资类畅销书《股市稳赚》（*The Little Book That Beats The Market*）一书的作者格林布拉特以其对非理性投资行为的敏锐洞察而大获成功，近期他的关注焦点已经逐渐从企业拆分扩展到整体市场的异常现象上了。卡拉曼则在保持近30年的惊人业绩纪录的同时，一直在进行积极的风险规避——如果读者知道他是多么执着于“下跌防护”的话，就会更加了解取得这样的业绩是多么不可思议。最后，拥有近 30 年经验的投资专家、当过 20 年客座教授的约翰逊将会为读者揭示他是如何将市场智慧融入他的证券分析和价值投资课程的。

4 位大师从自身的投资理念出发，对马克斯的投资哲学产生共鸣、做出完善、偶而发表不同的意见，他们的批注在深度与广度上扩充了马克斯的观点。甚至马克斯本人也在书中不时进行穿插点评，以揭示贯穿全书的深层主题，并阐明其投资建议的重点所在。此外，与第一版相比，全新升级版增加了一章来阐述“合理预期”的重要性。全新升级版《投资最重要的事》乃当今 5 位杰出的投资思想家的集大成之作。

最重要的是，无论全新升级版还是旧版的《投资最重要的事》，都为发展价值投资法则做出了不可估量的贡献。价值投资始于哥伦比亚大学，以 1936 年本杰明 · 格雷厄姆和戴维 · 多德合著的《证券分析》的问世为开端。2001 年，赫尔布伦投资中心（Heilbrunn Center for Graham and Dodd Investing）在哥伦比亚大学商学院成立，从此以后便成为了价值投资的学术阵地。

令人欣慰的是，赫尔布伦投资中心在本书的诞生过程中扮演了重要角色。《投资最重要的事》最初构思于哥伦比亚大学学生投资管理协会（CSIMA，the Columbia Student Investment Management Association）主办的赫尔布伦投资中心年度投资会议上。得知马克斯将出席会议，哥伦比亚大学商学院出版社创始人迈尔斯 · 汤普森（Myles Thompson）建议他以自己的备忘录和投资理念为素材写一本书。马克斯对于能在价值投资的诞生地将自己的投资智慧结集出版一事很感兴趣，同时他知道自己的理念会得到赫尔布伦投资中心同仁的支持。一年后，在赫尔布伦投资中心的年度投资会议期间，《投资最重要的事》正式出版，而全新升级版《投资最重要的事》则于 2012 年管理协会会议期间面世。

全新升级版《投资最重要的事》秉承了价值投资领域的优良传统：无私地分享投资理念、见解和智慧。赫尔布伦投资中心很欣慰能够与这本划时代的伟大著作携手共同见证它的贡献。

布鲁斯·格林沃尔德（Bruce Greenwald）

赫尔布伦投资中心主任

The
Most Important
Thing
Illuminated

简 介

在过去20年中，我一直在为我的客户不定期撰写备忘录——起初是在西部信托公司，后来则在我于1995年共同参与创立的橡树资本管理公司。我通过备忘录来阐述我的投资理念，讲解金融运作方式，并提供我对近期事件的见解。这些备忘录构成了本书的核心，在后文中，你会发现许多摘录自备忘录的段落，因为我相信，其中的经验教训像切合当年一样适用于现在。在摘录时我做了一些小的改动，主要是为了使主旨更加清晰。

保罗·约翰逊：在遇见《投资最重要的事》之前，我在哥伦比亚大学商学院教书时从没有用过教材。自2011年秋季开始，我选用这本书作为我的价值投资和证券分析课的第一本教材。马克斯的讨论对于我的讲座是很好的补充。

“最重要的事”究竟是什么呢？2003年7月，我以此为标题写了一篇备忘录，将我认为投资成功必不可少的要素罗列了出来。备忘录是这样开篇的：“每当我与客户及潜在客户会面时，我不断地听到自己说，‘最重要的是X。’

10分钟之后，变成了‘最重要的是Y’，之后是Z，以此类推。”最后，备忘录通篇总共讨论了18件“最重要的事”。

在写完原始备忘录之后，我对我认为“最重要”的事做了少许调整，但是基本观念没变：它们都是最重要的。成功的投资有赖于同时对各个方面保持密切的关注。省略在任何一个方面都有可能导致不尽如人意的结果。这就是我围绕“最重要的事”这一思想构建本书的原因——每一件事都是构成我所期待的坚固墙体的砖块，缺一不可。

保罗·约翰逊：这一注解贯穿《投资最重要的事》全书的主题，对理解马克斯的投资观点至关重要。我认为，需要向商学院学生解释的最具挑战性的投资理念是，投资需要同时平衡许多基本问题。《投资最重要的事》非常明确地指出了这一点。

我并不打算写一本投资指南。相反，这本书是对我的投资理念的陈述。我视其为信条，它在我的投资生涯中扮演着类似宗教信仰的角色。我信奉这些事情，它们是指引我保持正确轨道的路标。我所提供的信息，是我认为最为恒久的信息。我相信，它们对现在、对未来，都具有重要意义。

霍华德·马克斯：本书主要讲的是我所谓的“投资与人相关的一面”，它不需要太多的金融分析或投资理论——更多的是关于如何思考、处理干扰投资思维的心理影响，同时介绍了许多投资者在思考过程中所犯的错误。当我说“如何思考”时，并不表示我的方法就是唯一的方法，它只是一个示例。要想取得成功，你必须有严谨的思考过程，但并不一定要采用我的。

这不是一本入门指导书。书里没有永葆投资成功的秘诀，没有手把手的指导，没有包含数学常数和固定比率的定价公式——事实上，数字极少。书中只提供了一种思维方式，它可能有助于你做出良好的决策，可能更为重要的是，帮你避开常犯的错误。

简化投资行为不是我的目标。事实上，我最想表达的是投资有多么复杂。试图简化投资的人带给受众的是极大的损害。我会照常对待收益、风险、过程。无论任何时候，我对特定资产类别和策略的讨论只是为了阐明我的观点。

再谈一谈本书的结构。如上所述，成功的投资有赖于同时对各个方面保持密切关注。但凡有可能，我会立即同时讨论所有方面。然而遗憾的是，语言的局限性迫使我每次只能谈一个话题。因此我先以讨论市场环境这一投资发生的场所为开端，继而讨论投资者自身这一影响投资成功与否的因素，以及为了提高成功机会投资者应做的事情。在最后几章里，我尝试将各种想法归纳到一起。不过，因为我的理念是“有机统一的”，所以有些想法会在不止一章里被反复提及，请读者容忍我的重复。

我希望读者认为这本书的内容是新颖、发人深省甚至是带有争议性的。如果有人告诉我，“我很喜欢你的书，它证实了我读过的一切”，我会觉得很失败。我的初衷是分享那些你未曾想到过的关于投资的想法和思维方式——简单的几个字“我从未这样想过”，将令我无比欣慰。

读者会发现，我花在讨论风险以及如何限制风险上的时间，比花在讨论如何实现投资回报上的时间还要长。在我看来，风险是投资最有趣、最有挑战性的一个重要方面。

保罗·约翰逊：在我读过的投资书籍中，《投资最重要的事》是第一本综合讨论投资过程中的风险及其重要性的。事实上，本书最

突出的方面及其对投资智慧最大的贡献，就是它对风险进行了广泛讨论。

当潜在客户想了解橡树资本管理公司成功的原因时，他们的首要问题通常都是大同小异："你们成功的关键是什么？"我的答案很简单：历经40余年发展与磨砺所形成的有效的投资理念，以及掌握着高超的技术、有着共同文化和价值观的个人对该理念的贯彻执行。

投资理念来自何处？我可以肯定的一件事是，在迈入投资生涯的门槛时，没有谁的投资理念是已完全成形的。投资理念由各种来源的各种想法长期积累总结而来。不在生活中积累经验教训，就不能形成有效的理念。幸运的是，我的一生中既拥有丰富的经验，也得到过巨大的教训。

在两所杰出的商学院的求学时光是非常有效并具有挑战性的：在沃顿商学院攻读大学本科时，我接受了理论研究之前的具体而定性的教育；在芝加哥大学商学院，我接受了理论性的量化教育。重要的并不是具体的学习内容或学习过程，而是面对两种主要的投资思想流派，我必须思索如何将其融会贯通成为我自己的方法。

重要的是，理念源自持之以恒的警醒。你必须要知道世界上正在发生什么，也必须要知道这些事件将导致什么结果。只有这样，你才能在类似的情况再次出现时吸取教训。大多数投资者做不到这一点——它比一切都重要——因此，他们注定将屡次遭受经济繁荣与萧条周期之害。

塞思 · 卡拉曼：保持警醒同样增加了为从未发生过的事情做准备的概率。沃伦 · 巴菲特在物色接班人的时候强调了这一点的重要性。保持警醒能够有助于识别并有可能及时避免不断增加的风险。马克斯在第 5 章中明确地说明了这一点。

我喜欢说：“在你得不到你想要的东西时，你得到的是经验。”

乔尔 · 格林布拉特：这是我最喜欢的“霍华德学说”之一。我常常有机会想起这句话！

好光景只会带来坏经验：投资很容易，你已经了解投资的秘密，你不必担心风险。最有价值的经验是在困难时期学到的。从这个意义上讲，我“有幸”经历过一些重大事件：阿拉伯石油禁运、滞胀、20 世纪 70 年代漂亮 50 股票的崩盘以及“证券之死”；1987 年的黑色星期一，道琼斯工业指数在一天之内暴跌 22.6%；1994 年的利率高涨，导致利率敏感型债务证券跳水；新兴市场危机，1998 年的俄罗斯债务违约和美国长期资本管理公司的彻底垮台；2000~2001 年科技股泡沫的破裂；2001~2002 年的会计丑闻；以及 2007~2008 年席卷世界的金融危机。

塞思 · 卡拉曼：对这一事实的描述可能是本书中最为触目惊心的。在这个时期，投资者像被催眠一般期待着两位数的年收益率而完全忽略了风险。17 年可谓是长期——几乎是一个人的职业生涯的一半——然而，仅凭这么长时间的职业生涯难以抵挡得住时间的考验。

经历过20世纪70年代尤为重要，因为在当时，挑战无处不在。事实上，在70年代想找一份投资工作是不可能的，也就是说，你必须在70年代还没有到来之前进入投资领域，才能积累那个年代的经验。有多少在60年代开始投资工作的人，直到90年代末科技泡沫开始颤动的时候还在继续投资工作的？没有多少。大多数专业投资者是在80年代或90年代才进入这个行业的，他们无从知晓，市场的跌幅竟然还会超过1982~1999年出现的5％的最高跌幅。

如果你的阅读范围广泛，那么你可以向有着伟大思想的人学习——对我来说最重要的有：查理·埃利斯的《输球游戏》(《金融分析家杂志》，1975年7~8月刊)、约翰·肯尼斯·加尔布雷斯的《金融狂潮简史》(纽约：维京出版社，1990)，以及纳西姆·尼古拉斯·塔勒布的《随机漫步的傻瓜》[①]。他们都对我的思想产生了巨大影响。

保罗·约翰逊：非常棒的书单！幸运的是，现在的学生们又多了一本《投资最重要的事》！

最后，我有幸能够直接向杰出的思想家学习：约翰·肯尼斯·加尔布雷思教我了解了人性的弱点；沃伦·巴菲特教给我耐心和逆向投资；查理·芒格教给我合理预期的重要性；布鲁斯·纽伯格教给我“概率与结果”；迈克尔·米尔肯教给我“自觉风险负担”；里克·凯恩教给我设置“陷阱”(能赚很多而不会赔很多的被低估的投资机会)。与彼得·伯恩斯坦、塞思·卡拉曼、约翰·伯格、雅各布·罗斯柴尔德、杰里米·格兰瑟姆、乔尔·格林布拉特、托尼·佩斯、奥林·克雷默、吉姆·格兰特以及道格·卡斯的往来，也使我获益匪浅。

① 《随机漫步的傻瓜》中文版已由中信出版社出版。——编者注

令人高兴的是我接触到了我前面提到的所有要素，并且多年来一直有意识地将它们结合到为公司服务从而为客户服务的投资理念中。这并不是唯一正确的方法，解决问题的方法多种多样，但它适用于我们。

必须指出的是，如果没有非凡的橡树资本管理公司的共同创始人——布鲁斯·卡什、谢尔顿·斯通、拉里·基尔、理查德·马森和史蒂夫·卡普兰——的卓越执行力，我的理念不会有太大价值。我很幸运地在 1983~1993 年与他们合作。我相信任何理念都比不上基于此理念而采取的实践，在投资领域里尤其如此。如果没有这些合伙人以及橡树资本管理公司同僚所取得的成就，我在这里分享的理念将不会引起人们的重视。

霍华德·马克斯：通过这些批注，我很高兴认识为本书出版做出了贡献的人：哥伦比亚大学出版社的布里奇特·弗兰纳里–麦考伊、米兰达·李、珍妮弗·杰罗姆、梅雷迪斯·霍华德、诺亚·阿洛，以及我的编辑顾问玛吉·斯塔基。特别要感谢迈尔斯·汤普森，他向我提出与哥伦比亚大学出版社合作出书的想法并指导促成其实现。最后，还要感谢我的朋友彼得·考夫曼，他启发了我关于投资与非投资领域的相似之处，开拓了我的思维。

第1章
学习第二层次思维

投资艺术有一个特点不为大众所知。门外汉只需些微努力与能力，便可以取得令人尊敬（即使并不可观）的结果。但是，如果想在这个容易获取的标准上更进一步，则需要更多的实践和智慧。

本杰明·格雷厄姆

《聪明的投资者》

凡事应力求简单，但不应过分简单。

阿尔伯特·爱因斯坦

投资并不简单。认为投资简单的人都是傻瓜。

查理·芒格

很少有人拥有成为杰出投资者的素质。有些人是可以被训练出来的，但并非人人都可以……即使可以，你也不可能教给他们所有东西。一种有效的方法有时是奏效的，但并非任何时候都行之有效。投资不可能被简化成计算机上的简单运算。即使是最杰出的投资者，也不可能永远正确。

原因很简单，没有放之四海皆准的法则。环境是不可控的，鲜有精确再现的时候。心理在市场中扮演着重要的角色，由于它的高波动性，导致因果关系并不可靠。一种投资方法可能一时奏效，但是这种方法所采取的行动最终会改变环境，环境的改变则意味着需要采取新的方法。而且，如果一种方法有其他人效仿，那么这种方法的效用也会降低。

投资，就像经济一样，更像是一门艺术而非科学。这意味着它可能会有一些棘手。

> 当前需要记住的最重要的事情之一是，经济不是一门精密科学，它甚至有可能完全不在科学范畴之内。在科学的含义中，可控试验是可以开展的，既往结果是可以被放心复制的，因果关系是可靠存在的。
>
> 《行得通吗》，2009 年 3 月 5 日

投资的艺术属性至少和它的科学属性相当，因此，无论在本书中还是在其他任何地方，暗示投资可以被程序化永远都不是我的目标。事实上，我最想强调的事情之一是，直觉的、适应性的投资方法比固定的、机械化的投资方法更为重要。

其实，关键问题是你想实现什么样的目标。人人都能取得平均投资表现——只需投资一个每样都买一点儿的指数基金即可，这会带给你所谓的“市场收益”——仅与市场表现相当。但是成功的投资者想要的更多，他们希望战胜市场。

塞思 · 卡拉曼：战胜市场很重要，但控制风险同样重要。投资者必须首先自问，自己感兴趣的是相对收益还是绝对收益。从定义来说，你的股票下跌 45% 而市场下跌 50% 就叫作战胜市场表现，但对我们当中的大多数人来说，这将是多么惨淡的胜利。

我认为这就是成功投资的定义：比市场及其他投资者做得更好。为了实现这一目标，你需要有良好的运气或者非凡的洞察力。单纯靠运气是行不通的，所以你最好把精力集中在提高自己的洞察力上。关于篮球运动，人们常说，“身高是无法训练的”，意思是说，世界上的任何训练都无法让运动员长得更高。训练洞察力几乎与提高身高一样难。就像其他所有艺术形式表现出来的一样，有一些人对投资的理解就是比别人更好，他们拥有——或者能够设法获得——本 · 格雷厄姆所大力提倡的、必不可少的“更多的智慧”。

克里斯托弗 · 戴维斯：这里的潜台词是，你必须要有耐心，给自己足够的时间——你要的不是短期暴利，而是长期稳定的收益。

人人都想赚钱。一切经济学都建立在相信利润动机具有普遍性的基础之上。资本主义亦是如此，利润动机促使人们更加努力地工作并以资本相搏。对利润的追逐创造了这个世界的大多数物质进步。

但是，这一普遍性也使得战胜市场成为一项艰巨的任务。数百万人在争夺着可能的每一美元的投资收益。谁会得到它呢？领先一步的人。在某些竞争中，先人一步意味着接受更多的教育、在健身房或图书馆里花更多的时间、获取更好的营养、付出更多的汗水、拥有更好的耐力或更好的设备。然而，在投资中这些东西并不重要，投资需要的是更加敏锐的思维，我称之为“第二层次思维”。

准投资者们可以学习财会课程，广泛阅读相关书籍，幸运的话还能得到对投资有着深刻了解的人士的指导。但是，他们中只有一小部分人能够获得维持高于平均水平的结果所需的非凡洞察力、直觉、价值观念和心理意识。想要做到这一点，需要拥有第二层次思维。

~

记住，你的投资目标不是达到平均水平，你想要的是超越平均水平。因此，你的思维必须比别人更好——更强有力、水平更高。其他投资者也许非常聪明、消息灵通并且实现了高度计算机化，因此你必须找出一种他们所不具备的优势。你必须想他们所未想，见他们所未见，或者具备他们所不具备的洞察力。你的反应与行为必须与众不同。简而言之，保持正确可能是投资成功的必要条件，但不是充分条件。你必须比其他人做得更加正确……其中的含义是，你的思维方式必须与众不同。

保罗·约翰逊：马克斯的这一段论述十分恰当。他成功地定义了第二层次思维对于取得投资成功的极端重要性。接下来的简短讨论以三个恰当的例子说明了第一层次思维和第二层次思维之间的差异。

什么是第二层次思维？

- 第一层次思维说："这是一家好公司，让我们买进股票吧。"第二层次思维说："这是一家好公司，但是人人都认为它是一家好公司，因此它不是一家好公司。股票的估价和定价都过高，让我们卖出股票吧。"

乔尔·格林布拉特：在个人投资者中间，我一直听到来自第一层次思维的声音。他们会阅读报纸头条或者收看CNBC（美国全国广播公司财经频道），然后采纳传统的第一层次思维的投资观点。

- 第一层次思维说："会出现增长低迷、通货膨胀加重的前景。让我们抛掉股票吧。”第二层次思维说：“前景糟糕透顶，但是所有人都在恐慌中抛售股票。买进！”

- 第一层次思维说：“我认为这家公司的利润会下跌，卖出。”第二层次思维说：“我认为这家公司的利润下跌得会比人们预期的少，会有意想不到的惊喜而拉升股票。买进。”

第一层次思维单纯而肤浅，几乎人人都能做到（如果你希望保持优势，那么这不是一个好兆头）。第一层次思维者所需的只是一种对于未来的看法，譬如“公司的前景是光明的，这表示股票会上涨”。

第二层次思维深邃、复杂而迂回。第二层次思维者要考虑许多东西：

- 未来可能出现的结果会在什么范围之内？
- 我认为会出现什么样的结果？
- 我正确的概率有多大？
- 人们的共识是什么？
- 我的预期与人们的共识有多大差异？
- 资产的当前价格与大众所认为的未来价格以及我所认为的未来价格相符的程度如何？
- 价格中所反映的共识心理是过于乐观，还是过于悲观？
- 如果大众的看法是正确的，资产价格将会发生怎样的改变？如果我是正确的，资产价格又会怎样？

克里斯托弗·戴维斯：这些问题是很好的提醒。在评估新的投资目标时要时时自问。新机会带来的兴奋很容易令人忘记这一点。

显然，第一层次和第二层次思维之间的工作量有着巨大的差异，能够进

行第二层次思维的人数远少于能够进行第一层次思维的人数。

第一层次思维者寻找的是简单的准则和简单的答案。第二层次思维者知道，成功的投资是简单的对立面。这并不是说你不会碰到大量费尽浑身解数，想让投资听起来简单的人，我称他们中的某些人为“唯利是图者”。券商想让你认为人人都有投资的能力——以每笔交易10美元佣金的代价。共同基金公司不想让你认为自己有投资能力，他们想让你认为拥有此种能力的是他们自己，如此一来，你就会把你的钱投入到积极管理的基金里，并且为此支付相关的高额费用。

我将其他简化投资的人视为“劝诱者”，他们中有些人是教授投资的学者；其他人则是出于好意却高估了自身控制范围的业内人士，我想他们大多没有考虑自己的投资记录，或者忽略了投资业绩不好的年份，或者把损失归咎于运气不好。最后，还有那些完全不理解投资的复杂性的人们。一位特约评论员在上下班时间段的电台节目里说：“如果你对一个产品有好感，就买这家公司的股票吧。”成为一个成功的投资者并非这么简单。

第一层次思维者彼此之间对相同事件有着相同的看法，通常也会得出同样的结论。从定义上来讲，这是不可能取得优异结果的。所有投资者都能战胜市场是不可能的，因为他们全体就是市场。

在投资的零和世界中，你在参与竞争之前，必须先问问自己是否具有处于领先地位的充分理由。要想取得超过一般投资者的成绩，你必须有比群体共识更加深入的思考。你具备这样的能力吗？是什么让你认为自己具有这样的能力？

克里斯托弗 · 戴维斯：你也可以反过来问一下——除了问自己如何以及为何应该成功，再思考一下，别人为什么会失败。他们的时机选择有问题吗？他们的动机有缺陷或不恰当吗？

～

问题在于，非凡的表现仅仅来自于正确的、非共识性的预测，而非共识性预测是难以做出、难以正确做出并且难以执行的。多年来有许多人告诉我，以下矩阵所示的内容在对他们产生着影响：

保罗·约翰逊：对于想获得正确观点以取得优异的投资表现的投资者来说，这一段体现的概念是至关重要的。单单本段所展现的智慧就能使本书物有所值。

你不可能在和他人做着相同事情的时候期待胜出……突破常规本身不是目的，但它是一种不错的思维方式。为了将你自身与他人区别开来，突破常规有助于你拥有与众不同的想法，并且以与众不同的方式处理这些想法。我将其概括为一个简单的2×2的矩阵：

	常规行为	**非常规行为**
有利结果	较好的平均表现	高于平均表现
不利结果	较差的平均表现	低于平均表现

当然，实际情况并不这么简单和界限分明，不过我认为总体情况是这样的。如果你的行为是常规性的，你很可能就会得到常规性的结果——无论好坏。只有当你的行为是非常规性的时候，你的表现才有可能是非常规性的，而只有当你的判断高人一等时，你的表现才会高于平均表现。

《敢于伟大》，2006年9月7日

结果很简单：为了取得优异的投资结果，你必须对价值持有非常规性的并且必须是正确的看法。这并不容易。

> 以低于价值的价格买进具有非凡的吸引力。那么，如何在有效市场中寻找便宜货呢？你必须拿出卓越的分析力、洞察力或远见。不过由于其特殊性，很少有人具备这样的能力。
>
> 《收益及其获得方法》，2002 年 11 月 11 日

因为你的表现是偏离常态的，所以你的预期——甚至是你的投资组合——都必须偏离常态，你必须比人们的共识更加正确。与众不同并且更好——这是对第二层次思维做出的相当不错的描述。

那些认为投资过程简单的人通常没有第二层次思维的需要，甚至不知道有第二层次思维的存在。于是许多人被误导了，相信人人都能成为一名成功的投资者。然而，并不是人人都能成功的。不过好消息是，第一层次思维者的广泛存在使得第二层次思维者的可得收益增加了。为了持之以恒地获得优异的投资回报，你必须成为第二层次思维者中的一员。

乔尔 · 格林布拉特：这里所表达的观点：尽管对于大多数人来说，达成广泛共识是比较轻松的，但是在这种情况下，通常无法获得超过平均水平的收益。

第 2 章

理解市场有效性及局限性

> 理论和实践在理论上没有什么不同，但在实践中却截然相反。
>
> **约吉 · 贝拉**

20 世纪 60 年代，出现了一种新的金融投资理论，因其发源于芝加哥大学商学院，故以“芝加哥学派”而闻名。作为一名在 1967~1969 年就读于芝加哥商学院的学生，我发现自己处于这一新理论的起点上，它极大地启蒙并影响了我的思想。

这一理论包括了在投资领域中逐渐成为重要原理的概念：风险厌恶、波动性、风险调整收益、系统与非系统风险、α 系数、β 系数、随机漫步假设以及有效市场假说。（这些概念将在后文中逐一陈述。）在这一理论提出之初，有效市场假说概念已被证实对投资领域有着特别重要的影响，重要到值得单独用一章的篇幅来讨论。

有效市场假说指出：

- 市场中有许多参与者，他们分享着大致相等的信息渠道。他们聪明、客观、有高度的积极性并且辛勤地工作。他们的分析模型广为人知并被广泛采用。
- 由于参与者的共同努力，信息得以完全并且迅速地在资产的市场价格上反映出来。由于市场参与者会立即买进价格过低的资产，并卖出价格过高的资产，因此资产的绝对价格以及彼此之间的相对价格是公平的。

- 因此，市场价格代表了对资产内在价值的准确估计，任何参与者都不能连续识别市场的错误并从中连续套利。
- 因此，资产是以相对于其他资产的“公平”、提供预期风险调整收益的价格来出售的。风险更高的资产必须提供更好的收益来吸引购买者。市场会根据情况设定价格，但它不会提供“免费的午餐”，即没有与新增风险无关的（以及非补偿性的）新增收益。

以上大致是关于有效市场假说的广为人知的要点，现在来谈一谈我的理解。谈到有效市场假说时，我也用到了“有效”这个词，不过我使用了其“迅速、快捷地整合信息”的含义，而不是“正确”。

保罗 · 约翰逊：马克斯对“有效”的定义很实用，很适合用来给学生讲课。

我相信，由于投资者会努力评估每一条信息，所以资产价格能够迅速反映出人们对于信息含义的共识，然而我不相信群体共识就一定是正确的。2000 年 1 月，雅虎股价是 237 美元。2004 年 4 月时，它的股价是 11 美元。所有主张市场在这两个时刻均正确的人都晕了，这两种情况中至少有一种必定是错误的，但是这并不意味着有许多投资者能够察觉市场的错误并采取行动。

如果有效市场中的价格已经反映了群体共识，那么分享群体共识也许只能令你赚到平均收益。想要战胜市场，你必须有自己独特的、非共识性的观点。

保罗·约翰逊：马克斯在这里成功地把市场有效性和第二层次思维联系在了一起。这段论述对于投资理论是一个非常重要的贡献，因为很少有人把对市场理论的学术研究与积极管理资产的实用观点结合在一起。

我要强调的是，虽然有效市场常常错误地估计资产价值，但是对于任何个人来说——与其他人占有相同的信息并且受到相同心理影响的约束——持之以恒地持有与众不同且更加正确的观点并不容易。这使得战胜主流市场异常艰难——即使他们并不总是对的。

塞思·卡拉曼：心理因素是控制投资者行为的主导因素。在决定证券价格方面，心理因素和基本价值同样重要，甚至更为重要。

克里斯托弗·戴维斯：花时间去设法搞明白投资动机在特定情况下是如何起作用的也很重要。动机不当往往会导致非理性、破坏性或反知觉的行为或结果。

《α究竟是怎么一回事》，2001年7月11日

有效市场假说最重要的成果就是“你无法战胜市场”的结论。这一结论不仅被芝加哥学派的市场观点从逻辑上予以支撑，而且通过对共同基金的表现的研究得到了巩固——业绩出类拔萃的基金寥寥无几。

你可能会问，五星基金的情况如何呢？请注意：共同基金的评级是相对的。基金的等级与它们的业绩是否已超越某一客观标准（如市场指数）无关。

那么，那些我们耳熟能详的著名投资者的情况又如何呢？首先，一两年

的好业绩证明不了任何事情；单从偶然性来说，就几乎可以产生任何结果。其次，统计学家认为，如果没有足够年份的数据，任何东西都无法被证明具有统计学意义；我记得是64年，几乎没有任何人的理财生涯能够达到那么长。最后，一两个杰出投资者的出现是驳不倒有效市场假说的。沃伦·巴菲特等人令世人瞩目的事实恰恰表明，持续成功者只是特例。

芝加哥学派理论最杰出的成果是被称为指数基金的消极型投资工具的发展。如果最积极的投资组合经理通过增持或减持证券“积极下注”都无法战胜市场，那么又何须为此（以交易费和管理费的形式）付出代价呢？有鉴于此，投资者已经将越来越多的资金投入到简单地按照某一市场指数所确定的比例的投资股票（或债券）中。这样，投资者只需付出一个百分点的几百分之一的费用，就能够享受到市场收益。

正如稍后我将探讨的，万物皆有周期，其中也包括“公认的智慧”。有效市场假说问世后，经历了20世纪60年代的快速发展，吸引了大批信徒。反对的声音自那时起就一直存在，公众对于有效市场假说的适用性的认识几经起落。

对于有效市场假说，我持有保留意见，最大的分歧在于它将收益与风险挂钩的方式。

根据有效市场投资理论，人们有规避风险的本能，即人们普遍愿意承担更少的风险，而不是更多。想要他们进行风险性更高的投资，必须以更高的收益承诺来诱导。于是市场将调整投资价格，以保证承担更高风险的人在已知事实和群体共识的基础上，获得更高的收益。

有效市场理论认为，在有效市场中不存在令人们战胜市场的投资技巧（通常是指现在常用的α系数等），因此一个人与另一个人（或一个人的投资组合与另一个人的投资组合）的收益差异完全归因于风险差异。事实上，如果你是有效市场假说的信徒，同时又拥有像我一样较好的投资记录，那么答案可能会是“更高的投资收益是由隐性风险所致”（深层含义是“你还没有积累足够年份的数据”）。

我们时不时会经历一切顺利的时期，更高风险的投资看似是在兑现承诺，提供着更高的收益。这样的平和期使人们相信，为了获取更高的收益，他们唯一要做的就是进行高风险投资。但是，他们忽略了某种在繁荣期容易被忘却的东西：这不可能是对的，因为如果可以指望通过高风险投资来实现高收益的话，那些投资也就算不上是高风险了。

于是每隔一段时间，人们便能学到一个深刻的教训。他们意识到，任何东西（当然包括对于风险不加区分地全盘接受）都不会承诺免费的午餐，它们时时在提醒着我们投资理论的局限性。

以上就是有效市场假说及其含义。关键问题是这一理论是否正确：市场是不可战胜的吗？人们是不是在浪费时间？客户付费给投资经理是否是在浪费钞票？就像世界上的大多数事情一样，这些问题的答案并不简单——当然不是“是”或“否”那么简单。

我相信有效市场概念不应被立即抛弃。从原则上来讲，如果数千个有理性且有计算能力的人在同一时间共同努力、客观地收集有关资产的信息并做出估价，就会很容易得出资产的价格不会与内在价值偏差过大的结论。错误定价并不常见，这意味着战胜市场非常困难。

事实上，某些资产是相当符合有效市场假说的，主要包括以下类别：

- 资产类别广为人知，并且有一大批追踪者。
- 资产类别是社会认可的，而不是争议性或禁忌性的。

- 资产类别的优势清晰易懂，至少表面上看起来如此。
- 关于资产类别及其组成的信息的传播是普遍而公平的。

符合这些条件的资产类别是不可能系统性地被忽略、误解或低估的。

塞思·卡拉曼：这些特征大多是易变的。某些被广泛接受的资产可能会变得具有争议性甚至是禁忌性的。信息的获得可能变得更加容易或者更加困难。所以，此时被视为有效的资产类别在彼时可能就变得无效。欧洲主权债务危机便是当下的一个例子。

以外汇为例。是什么决定了一种货币相对于另一种货币的变动呢？是未来增长率与通货膨胀率。对于任何一个个人来说，他对这些东西所知道的会不会系统性地多于其他人？可能不会。如果没有人比其他人知道得更多，那么就不会有人在货币交易中获得高于平均水平的风险调整后收益。

主要股票市场（如纽约证券交易所）的情况又如何呢？数百万人在利益的驱使下，在其中探寻。他们占有着相似的信息；事实上，市场调控的目标之一，就是确保每个人在同一时间获得同一公司的信息。数百万人在相似信息的基础上做着相似的分析，那么股票被错误定价的概率以及人们发现这些错误定价的概率如何呢？

答案是：概率不大，也不可靠，但这却是第二层次思维的真谛。

第二层次思维者知道，为了取得优异的业绩，他们必须具备信息优势或分析优势，或二者兼具。他们时刻警惕，以防失察。我的儿子安德鲁初出茅庐，他从当前事实和未来前景出发，提出了许多引人入胜的投资理念。他是一位训练有素的投资者，他考察的第一步永远是："谁不知道这些信息？"

保罗·约翰逊：相反的条件就会出现对市场无效性的考验。例如，在第一种情况下，如果一项资产鲜为人知，追随者不多，那么它可能就不会得到有效的定价；在第二种情况下，如果一项资产是争议性的、禁忌性的或未被社会认同的，那么它可能就不会被有效定价。另外两种情况也是如此。

第二层次思维者依赖的是理论词汇表中的“无效”一词。在过去40年中，“无效”这一短语被广泛应用，与投资者无法战胜市场的理念相对。在我看来，将市场描述为无效市场，是一种对市场易犯可资利用的错误的夸大说法。

错误会来自何处？让我们来想一想，有哪些假设构成了有效市场假说的基础：

- 有许多努力工作的投资者。
- 他们聪明、勤奋、客观、积极并且准备充分。
- 他们都有获取信息的途径，并且获取途径大致相同。
- 他们都能公开买进、卖出、卖空（即看跌）每种资产。

鉴于以上理由，有效市场假说认为，可得信息会被顺利、有效地整合到价格中，并且在价格与价值不相符时发挥作用，以消弭其中的差异。

但是，证明市场价格永远正确是不可能的。事实上，如果你仔细想想刚刚列出的4个假设，就会发现其中有一点特别脆弱：客观性。人类不是冰冷的计算机器。相反，大多数人都会受贪婪、恐惧、妒忌及其他破坏客观性、导致重大失误的情绪的驱动。

同样，第四个假设又如何呢？尽管投资者被假定为公开面向任何资产类别（既可以持有，又可以卖空），但真实情况却远非如此。大多数专业人士被分配到特定的细分市场，如“我在普通股部门工作”，或“我是债券经理”。真正做过卖空的投资者所占的比例微乎其微。那么，又是谁在制定并执行那些消除资产类别之间相对错误的定价的决策呢？

塞思·卡拉曼：界限分明的“孤岛”式发展是一柄双刃剑。缩小关注点可能会具备更专业的知识。但是，如果只是将关注范围限定在边界之内，则极有可能对边界之外的资产做出错误的定价。同样，如果其他人关注的领域和你类似，那么即便你有更专业的知识，收益也很有可能会被竞争拉低。

一个存在着错误及错误定价的市场，能够被具有非凡洞察力的人战胜。因此，无效性的存在创造了取得良好业绩的可能性，是取得良好业绩的必要条件。不过，它并不保证这一点。

在我看来，无效市场至少具备以下特征之一（可能最终会被证实具备以下所有特征）：

- 市场价格往往是错误的。因为获得信息的途径以及对信息的分析不完善，所以市场价格往往远高于或者远低于内在价值。
- 一种资产类别的风险调整后收益可能与其他资产类别的风险调整后收益相差甚远。因为资产估价的结果往往不是资产的公允价值，所以一种资产类别的风险调整后收益可能远高于（或远低于）其他资产类别。
- 有些投资者始终能够有高人一筹的表现。因为明显错误的估价和

> 参与者的技术、洞察力、信息渠道等差异的存在，有规律地识别错误估价并从中获利的可能性是存在的。

> 理解最后一点是否代表什么是非常重要的。无效市场并不一定会予以参与者丰厚的回报。相反，我认为无效市场提供的是原料（错误定价），而投资者各有输赢，取决于他们所掌握的技术的不同。如果价格可能出现严重错误，那就意味着有发现便宜或价格过高的股票的可能。相对于在无效市场中买得划算的人来说，一定有其他人卖得太便宜了。有一句关于扑克的谚语说得好："每场游戏中都有一条鱼。如果你玩了 45 分钟还没弄清谁是鱼，那么就是你了。"毫无疑问，这句话在无效市场投资中同样适用。
>
> 《α 究竟是怎么一回事》，2001 年 7 月 11 日

在有效与无效的大辩论中，我的结论是，没有一个市场是完全有效或无效的，它只是一个程度问题。我衷心感谢无效市场所提供的机会，同时我也尊重有效市场的理念，我坚信主流证券市场已经足够有效，以至于在其中寻找制胜投资基本上是浪费时间。

保罗·约翰逊：这个观点极为重要。因为在商学院里，争论总是偏向一个极端或另一个极端。许多学者极力主张市场是完全有效的，他们之所以允许反对意见的存在，只是为了保持辩论的平衡。显然，马克斯提供了一个更好的方法来应对这个问题。马克斯的观察所带来的一个必然结论是，投资者应该寻找未被做出完全有效定价的市场或资产，而不是去追逐完全无效的市场。

最终，我得到了一个有趣的答案：有效性并没有普遍到我们该放弃良好业绩的程度。同时，有效性是律师口中的“可反驳的推定”——首先应假定某个推断是正确的，直至有人证明它不成立。因此，我们应假定有效性会妨碍我们取得优秀的业绩，直至我们有充足的理由相信它不会。

出于对有效性的尊重，在采取行动之前，我们应该询问几个问题：错误以及错误定价是否已被投资者的共同努力所消除，抑或依然存在？为什么？

思考下面的问题：

- 当成千上万的投资者时刻准备着抬高任何过于低廉的价格时，为什么还有可能存在便宜货？
- 如果相对于风险来说收益显得很高，有没有可能你会忽略了某些隐性风险？
- 为什么资产卖家愿以能让你获得超额回报的价格卖出资产？
- 你是否真的比资产卖家知道得更多？
- 如果这是一笔可观的交易，为什么其他人没有一哄而上？

要牢记另一句话：今天存在有效性并不意味着有效性会永远存在。

总而言之，无效性是杰出投资的必要条件。试图战胜一个相当有效的市场就像掷硬币一样：你能够期待的最好结果是50%的胜算。投资者要想取得胜利，那么在基本过程（市场缺陷、错误定价）中，必须存在可资利用的无效性。

我们认为无效性是存在的。仅凭这一点并不是优秀业绩的充分条件，它只表示价格并不总是公平的，错误是会发生的：某些资产定价过低，某些资产又定价过高。你必须具有比其他人更深刻的洞察力，才能更多地买到前者而不是后者。任何时候都会有许多好的便宜货被埋没在其他投资者不能或不愿去发现的东西里。

让别人相信市场是永远无法战胜的吧！让那些不愿冒险的人弃权，为愿意冒险的人创造机会吧！

乔尔·格林布拉特：这一点非常重要，也解释了为什么专业投资者战胜市场那么困难。大多数专业投资者都迫不及待地想要提高业绩，他们会避免投资那些不受追捧的、近期并没有太大吸引力的证券。

投资理论及其有效市场概念等同于普遍适用的物理定律吗？抑或它只是一个无关宏旨、脱离实际、可以被忽略不计的概念？说到底，这是一个平衡问题，而平衡来自于对丰富的常识的运用。因为有效市场的概念是相对的，所以我将精力放在相对无效的市场上，在那里，只要付出辛勤的工作并掌握技术，就能获得最好的回报。我的投资管理生涯的关键转折点是在得到这个结论时出现的。有效市场理论知识帮助我做出了决定，避免了我将时间浪费在主流市场上。不过，出于对理论局限性的了解，我并没有全盘接受对积极管理的质疑。

简而言之，我认为有效市场理论应提供信息辅助我们决策而不是控制决策。如果完全无视理论，那么我们可能会犯下大错。我们可能会自欺欺人地认为，比别人知道更多并且有可能频繁地在人数众多的市场中取得压倒性胜利，我们可能会为了收益买进证券而忽视风险，我们可能会买进50只相关证券，却误以为我们在进行分散投资……

但是，只知生吞活剥理论会让我们放弃寻找便宜货，转而把投资过程交给计算机，错失个人做出贡献的机会。下面是一个信奉有效市场的金融教授和学生一起散步的场景。

“地上是10美元钞票吗？”学生问。

“不，那不可能是10美元钞票，”教授回答道，“即使有，之前肯定早已经被人捡起来了。”

教授走了。学生捡起了钞票，去喝了杯啤酒。

《α究竟是怎么一回事》，2001年7月11日

乔尔·格林布拉特：当然，有些市场更加无效，因为它们不那么受追捧，但是那些受到广泛关注的市场——如普通股市场——也有可能无效，比如市值较小的股票或其公司正在经历异常事件的股票。

第3章

准确估计价值

投资若想取得切实的成功，对内在价值的准确估计是根本出发点。没有它，投资者任何取得持续投资成功的希望都仅仅是希望。

乔尔·格林布拉特：沃伦·巴菲特说过，最好的投资课程要教好两件事：如何估计投资的价值以及如何看待市场价格走势。第一步就从这里开始。

最古老也最简单的投资原则是“低买，高卖”。看起来再明显不过了：谁不愿意这样做呢？但这一原则的真实含义是什么？同样显而易见——就是字面上的意思，它表示你应该以低价买进并以高价卖出某种东西。但是，反过来又意味着什么呢？什么是高，什么是低？

从表面意思来讲，你可以认为它表示以低于卖价的价格买进某种东西的目标。但是，由于卖出行为发生在买进行为之后，因此这样的解释对于解决“今天该以什么样的价格买进才合适”的问题没有太大帮助。必须有一些“高”和“低”的客观标准，其中最有用的就是资产的内在价值。至此，这句话的含义逐渐明晰：以低于内在价值的价格买进，以更高的价格卖出。当然，在此之前，你最好对内在价值是什么有一个明确的认识。对我来说，对价值的准确估计是根本出发点。

保罗·约翰逊：这是价值投资的第一块基石。

为简化（或高度简化）起见，所有投资公司证券的方法均可被划分为两种基本类型：基于公司特性即“基本面”来分析的，以及基于证券自身价格行为来研究的。换言之，投资者有两种基本选择：判断证券的内在价值并在价格偏离内在价值时买进或卖出证券，或者将决策完全建立在对未来价格走势预期的基础之上。

首先我要谈一谈后者，因为我并不相信这种方法，并且应该能够迅速抛开它。技术分析，即对过去股票价格行为的研究，自我加入这一行业时（并且远在之前）便已经沿用至今，但已日渐没落。如今，对历史价格走势的观察可能会被用作对基本面分析的补充，而现在，实际将决策建立在价格走势基础上的人远比过去少很多。

技术分析衰落的部分原因是随机漫步假说的出现——20 世纪 60 年代早期以尤金·法玛教授为代表的芝加哥学派理论的组成部分。随机漫步假说认为，既往股价走势对于预测未来股价没有任何帮助。换言之，价格变动是一个随机过程，与掷硬币相仿。众所周知，在掷硬币的时候，即使已经连续 10 次掷出正面朝上，下一次正面朝上的概率仍然是 50%。以此类推，随机漫步假说认为，过去 10 天内股价的连续上涨并不能告诉你明天的股价会怎样。

另一种依靠股价走势进行决策的形式被称为动量投资，它的存在同样违背了随机漫步假说。我对它也没有好感，不过，正如我所看到的，采用这一方法的投资者是在假定他们可以预知曾经连续上涨的股价将会在何时继续上涨的基础上进行操作的。

动量投资可能会让你在持续上涨的牛市中分一杯羹，但我看到它存在许多缺陷，其中之一基于经济学家赫伯特·斯坦那句苦涩的名言："无法永久持续的东西必将终结。"那么，动量投资者的情况将会如何呢？动量投资法如何帮助他们及时卖出以避免下跌？投资者在持续下跌的市场中如何采取行动？

看起来，动量投资显然不是一种理智的投资方法。最好的例子出现在1998~1999年日间交易者兴起的时候。日间交易者大多是来自其他行业，受科技—传媒—电信股票热潮的吸引，希望大发横财的非专业投资者。他们很少持仓过夜，因为需要付出代价。他们会在一天之内数次猜测他们所关注的股票在未来几个小时内的涨跌。

我永远无法理解人们是如何得到这类结论的，它与猜测下一个在转角出现的人是男是女有得一比。据我观察，如果以10美元买进、11美元卖出，下个星期以24美元买进、25美元卖出，再下个星期以39美元买进、40美元卖出，日间交易者就认为自己是成功的。如果你看不到其中的缺陷——股价上涨了30美元，交易者却只赚到了3美元——那么你或许没有必要再看本书后面的内容了。

抛开动量投资者和他们的占卜板，以及所有无关理智分析的投资形式不谈，还有另外两种受基本面驱动的投资方法：价值投资和成长型投资。简而言之，价值投资者的目标是得出证券当前的内在价值，并在价格低于当前价值时买进，成长型投资者的目标则是寻找未来将迅速增值的证券。

对价值投资者来说，资产不是一个因为你认为它具有吸引力（或认为别人会发现它的吸引力）就进行短期投资的概念。它是一种有形实物，应具有可明确的内在价值，如果有以低于内在价值买进的可能，你会考虑这样去做。因此，聪明的投资必须建立在对内在价值的估计之上。估计内在价值时必须严谨，并以所有可用的信息为基础。

《最重要的事》，2003年7月1日

乔尔 · 格林布拉特：价值估计包括对赢利或现金流的未来增长的估计。

是什么使得证券或其标的公司具有价值？有许多备选因素：财力资源、管理、工厂、零售店、专利、人力资源、商标、增长潜力，以及最重要的——创造收益和现金流的能力。事实上，大多数分析方法认为，其他所有特征（财力资源、管理、工厂、零售店、专利、人力资源、商标、增长潜力）的价值，恰恰在于它们能够最终被转化成为收益与现金流。

价值投资强调的是有形因素，如重资产和现金流。无形因素如人才、流行时尚及长期增长潜力所占的比重较小。某些流派的价值投资专注于硬资产。甚至有所谓的“net-net投资”，即在公司股票的总市值低于公司的流动资产（如现金、应收账款和存货）并超出总负债时买进。在这种情况下，从理论上讲你可以买进所有股票，将流动资产变现并清偿债务，以得到公司所有权及若干现金。是的，现金落袋，成本收回，你还白白得到了对公司的所有权。

价值投资追求的是低价。价值投资者通常会考察收益、现金流、股利、硬资产及企业价值等财务指标，并强调在此基础上低价买进。价值投资者的首要目标是确定公司的当前价值，并在价格足够低时买进公司证券。

成长型投资介于枯燥乏味的价值投资和冲动刺激的动量投资之间。其目标是识别具有光明前景的企业。从定义上来看，它侧重于企业的潜力，而不是企业的当前属性。

> 两种主要投资流派之间的差异可以归结如下：
>
> - 价值投资者相信当前价值高于当前价格，从而买进股票（即使它们的内在价值显示未来的增长有限）。
> - 成长型投资者相信未来价值的迅速增长足以导致价格大幅上涨，从而买进股票（即使它们的当前价值低于当前价格）。
>
> 因此，在我看来，真正的选择似乎并不在价值和成长之间，而在当前价值和未来价值之间。成长型投资赌的是未来可能实现也可能无法实现的公司业绩，而价值投资主要建立在分析公司当前价值的基础之上。
>
> 《中庸之道》，2004年7月21日

乔尔·格林布拉特：巴菲特最大的贡献之一是扩充了价值的概念，即价值不仅仅是“便宜”。巴菲特寻找市面上可以买到的、其价格具有吸引力的“好”企业，而成长的概念是被纳入到价值计算当中的。

你可以轻而易举地下结论：坚持价值投资无须揣测未来，而成长型投资唯一要做的就是揣测未来。但是这种说法未免武断，毕竟，确定企业的当前价值是需要考虑企业的未来的，继而必须考虑可能的宏观经济环境、竞争环境与技术进步。如果公司资产被浪费在赔钱的经营或失策的收购上，那么即使大有希望的net-net投资也可能以失败告终。

在价值投资和成长型投资之间没有明确的界限，二者均要求我们应对未来。价值投资者将企业的潜力视为增长，“以合理价格增长”的成长型投资则明确表达了对价值的敬意——只是一个程度问题。无论如何，我认为完全可以这样说：成长型投资关注未来，而价值投资强调当前，但不可避免地要面对未来。

让我带你回到成长型投资与价值投资形成鲜明对比的“漂亮50”的狂热时期，看一看成长型投资的极端例子。

1968年，我得到了在投资管理业的第一份工作，在纽约第一国民银行（现在的花旗银行）投资研究部做暑期工。银行采用的是所谓的“漂亮50投资”方法。投资目标是确定长期收益增长前景最为光明的企业。除了增长率，投资经理还强调“质量”，意即具有实现增长预期的高度可能性。当时公认的说法是，如果一家公司成长足够快并且质量足够好，那么股价高低是不需要考虑的。如果股价以今天的指标衡量过高，那么过上几年它就会物有所值。

于是，就像现在一样，医药股、科技股和消费股在成长型股票投资组合中占了极大的比重。银行的投资组合中包括那些令人肃然起敬的名字，如IBM、施乐、柯达、宝丽来、默克（Merck）、礼来（Eli Lilly）、雅芳、可口可乐、菲利普·莫里斯（Philip Morris）、惠普、摩托罗拉、德州仪器（Texas Instruments）、珀金埃尔默（Perkin-Elmer）——都是美国的大公司，都有着光明的成长前景。既然这些公司是不可能出问题的，那还犹豫什么呢，倾囊买进它们的股票就是了。

将时间推后几十年，现在的你如何看待上面列举的那些公司？有些公司，如柯达和宝丽来，因为不可预见的技术变革导致基础业务锐减。其他公司，如IBM和施乐，因为行动迟缓成为新兴竞争者大快朵颐的猎物。总而言之，自我开始工作以来的42年中，在纽约第一国民银行的名单里，一些美国最好的公司已经衰落甚至倒闭。长期增长的持续时间不过如此，准确预测的能力也不过如此。

克里斯托弗·戴维斯：有意思的是，这一投资组合——如果在1968年买进并持有至今——最终跑赢了市场，但从困境中走出来却耗费了几十年的时间，而成功也仅仅是仰赖于菲利普·莫里斯公司的优异表现。尽管原则是正确的（过高的股价减损了收益），但是这一案例仍然提醒我们，股票和债券是有区别的。因为股票代表了企业的所有者的权益，从本质上来讲是无限期的；如果你对企业的判断是正确的，时间可以冲减过高的成本。在一些罕见的案例中（如菲利普·莫里斯公司），在超过40年的时间里一直以两位数的复利增长，从这样的"奇迹"中获利是有可能的。据我所知，在固定收益类投资里并没有这样的机会。

与价值投资相比，成长型投资的重心是寻找制胜投资。然而，如果找不到制胜投资，为何还要忍受揣测未来所带来的不确定性呢？毫无疑问的是：预见未来比看清现在更加困难。因此，成长型投资者的平均成功率会更低，但是一旦成功，得到的回报有可能会更高。如果能够准确预测出哪家公司将推出最好的新药、最强大的计算机或最卖座的电影，那么由此所带来的收益是相当可观的。

总而言之，如果判断正确，成长型投资的上涨潜力更富戏剧性，而价值投资的上涨潜力更有持续性。我选择的是价值投资法。在我的书里，持续性比戏剧性更重要。

如果价值投资具有持续带来理想回报的潜力，是否意味着价值投资很容易？非也。

首先，价值投资取决于对价值的准确估计。如果没有对价值的准确估计，那么对于投资者来说，任何取得持续成功的希望都仅仅是希望。如果没有对价值的准确估计，那么你可能会高价买进你以为的特价股。如果你的买价过高，那么只有在价值出乎意料地显著提高、市场强劲或辨别能力更差的买家（我们曾称之为“博傻”）出现时，你才能脱身。

不仅如此。如果你已经选定价值投资法进行投资，并且已经计算出证券或资产的内在价值，接下来还有一件重要的事：坚定地持有。因为在投资领域里，正确并不等于正确性能够被立即证实。

对于投资者来说，持续正确很难。而永远在正确的时间做正确的事是不可能的。价值投资者所能期待的最好结果是知道资产的准确价值，并在价格较低时买进。但是今天这样做了，并不意味着明天你就能赚钱。对价值的坚定认知有助于你从容面对这种脱节。

塞思·卡拉曼：在理想的情况下，能够以相当低的价格买进。折价力度越大，安全边际越大。折价力度过小，安全边际有限，根本无法提供切实的保护。

假设，你算出某个证券每股价值 80 美元，而你有一个以每股 60 美元买进的机会。低于实际价值买进的好机会并不是每天都有，所以你应该对出现这样的机会表示欢迎。沃伦·巴菲特称之为“以 50 美分买价值 1 美元的东西”。所以你买进了它，感觉自己做得不错。

乔尔·格林布拉特：我总是告诉我的学生们：“如果你对股票价值的估计是准确的，我保证市场也会认可你的意见。”我从不告诉他们这个时限是几周还是几年。格雷厄姆说，长期来看，市场是一个“称重仪”，即使它在短期内常常表现得情绪化。以我对美国股市的了解，市场要恢复“正确”，通常来说两到三年的时间就足够了。但如果你每天都看报纸，那日子可就难熬了。

但是，不要寄希望于马上成功。事实上，你往往会发现自己买进的时机是在持续下跌的中途，很快你就会看到损失。正如一句最伟大的投资谚语告诉我们的，“过于超前与犯错是很难区分的”。于是，现在每股价值80美元的证券价格跌到每股50美元而不再是60美元了。你该怎么办？

乔尔·格林布拉特：除非你是真正的抄底（几乎是不可能的），否则在进行投资之后的某个时刻，你终将经历下跌。

霍华德·马克斯：为了提供有价值的点评，我将集中强调4个贯穿全书的重要主题，读者将看到我会在多处引用它们。第一个主题是，大多数投资者对于“害怕看错”认识不足。与所有在挑战性环境中运用技巧的人一样，优秀投资者的成功率远低于100%，相反，却以错误和暴跌为特征。正确的判断不一定立即就能被证实，因此，即使是最顶尖的投资者，也会常常犯错。如果你不习惯这一点，还是改行吧。

我们在微观经济学入门课程中学过，需求曲线是向右下倾斜的；随着价格的上涨，需求数量下降。换言之，价格较高时，需求量较少，价格较低时，需求量较大。这就是商品打折时商店的营业额更高的原因。

需求曲线在大多数情况下都起作用，但在投资领域里似乎远非如此。在投资领域里，当自己持有的证券价格上涨时，许多人会更加喜爱它们，因为他们的决策得到了验证；而当证券价格下跌时，他们开始怀疑自己的决策是否正确，对它的喜爱也随之减少。

这使得持有并继续以更低的价格买进股票（投资者称之为“向下摊平”）变得相当困难，特别是当有证据表明下跌幅度将会比较大的时候。如果价格在每股60美元的时候你喜欢它，那么当价格跌到每股50美元的时候，你应该会更喜欢它……价格跌到每股40美元、30美元的时候，你对它的喜爱应该会进一步加深。

塞思·卡拉曼：在某些情况下，价值可能是间接的。假设一个封闭式基金在以折价进行交易。如果标的股票下跌了50%，而基金下跌了同样的比率，那么从表现上看，以折价买进是最好的。恰当的分析包含了对标的股权的分析，以确定对股票本身的估价是过高还是过低。

但是，在损失面前人人都会不安，直至最后所有人都产生疑问：“也许是我错了吧？也许市场才是对的？”随后，当人们开始想“股票跌得太厉害了，我最好在它的价格趋于零之前脱身”的时候，危险性达到了顶峰。这是一种导致股票见底的思维……并且会引发抛售狂潮。

> 不懂利润、股利、价值或企业管理的投资者完全不具备在正确的时间做正确的事情的决断。当周围的人都在炒股赚钱的时候，他们不可能懂得：股票价格已经过高，因此要抵制进场的诱惑。市场自由落体的时候，他们也不可能有坚定地持有股票或以极低的价格买进股票的自信。
>
> 《非理性繁荣》，2000年5月1日

第3章
准确估计价值

估价正确却不坚定地持有，用处不大。估价错误却坚定地持有，后果更糟。这句话表明恰到好处是多么困难。

给多数投资者（当然，其中大部分是业余投资者）一剂“真话”血清，然后问他：“你用的是什么投资方法？”答案必然是：“我在寻找能够上涨的东西。”但是，对利润的追求必须建立在更加有形的东西之上。在我看来，最佳选择就是基本面所反映出来的内在价值。对内在价值的准确估计是进行稳定、冷静、有利可图的投资的根本基础。

当价值投资者买进定价过低的资产、不停地向下摊平并且分析正确的时候，就能获得最大收益。因此，在一个下跌的市场中获利有两个基本要素：你必须了解内在价值；同时你必须足够自信，坚定地持股并不断买进，即使价格已经跌到似乎在暗示你做错了的时候。哦，对了，还有第三个基本要素：你必须是正确的。

第4章

价格与价值的关系

成功的投资不在于“买好的”，而在于“买得好”。

假设你已经认识到价值投资的有效性，并且能够估计出股票或资产的内在价值，再进一步假设你的估计是正确的。这并未结束。为了知道需要采取怎样的行动，你必须考察相对于资产价值的资产价格。建立基本面—价值—价格之间的健康关系是成功投资的核心。

对于价值投资者来说，必须以价格为根本出发点。事实屡次证明，无论多好的资产，如果买进价格过高，都会变成失败的投资。同时，很少有资产会差到以足够低的价格买进都不能转化为成功投资的地步。

克里斯托弗·戴维斯：不过，投资者应该警惕衰退的风险，它会令低价股转化为价值陷阱。

当人们斩钉截铁地说，“我们只买A”或“A是一个很棒的资产类别”时，听起来很像是在说“我们会以任何价格买进A……无论B、C、D的价格怎样，我们都要先买A”。毫无疑问这是错的。没有任何资产类别或投资具有与生俱来的高收益，只有在定价合适的时候它才具有吸引力。

如果我想把我的车卖给你，你会在回答是或否之前问价。没有认真考虑价格是否公平的投资决策就是犯傻。但是，当人们像20世纪90年代买进科技股那样，不经仔细考虑就决定买进某种东西时（或者像20世纪70年代和80年代早期不愿买进垃圾债券那样不愿买进某种东西时），他们就是这么做的。

总而言之，不考虑价格的想法是谈不上好坏的！

《最重要的事》，2003年7月1日

乔尔 · 格林布拉特：在做每一个投资决策时，个人投资者都需要思考"最重要"的一点。如果没有考虑价格，无论一项投资听起来是多么诱人，你都不可能知道它是否就是一项好的投资。

如果以公平价值买进某种东西，那么你可以预期得到将风险因素考虑在内的公平收益，这就是有效市场假说的基本前提——很有道理。但是，积极投资者追求的不是普通的风险调整后的收益，他们需要的是丰厚的收益。（如果公平收益就能令你满足，何不被动地投资指数基金以省下一大堆麻烦呢？）所以说，以内在价值买进证券也没有什么大不了的。以超过价值的价格买进显然是错误的，因为需要大量艰苦的工作和运气才能使以过高价格买进的东西转化为成功的投资。

还记得我在上一章提到过的"漂亮50投资"吗？在高峰时期，许多大公司的市盈率（股价与每股收益之间的比率）高达80~90。（相比之下，战后股票的平均市盈率一般在15上下。）这些公司的追随者中似乎没有谁为估价过高而担忧。

随后，在短短几年间，一切全都变了。20世纪70年代初，股市降温，在外部因素如石油禁运以及不断增长的通货膨胀的笼罩下，局势变得更加黯淡，漂亮50股票暴跌。80~90的市盈率在几年之间就跌到了8~9，这意味着投资美国最好公司的投资者赔掉了他们90%的资金。人们买的是大公司的股票不假，但他们买进的价格却是错误的。

橡树资本管理公司常说，“好的买进是成功卖出的一半”，意思是说，我们不花太多时间去考虑股票的卖出价格、卖出时机、卖出对象或卖出途径。如果你买得足够便宜，那么最终这些问题的答案是不言而喻的。

乔尔·格林布拉特：许多价值投资者都不擅长到底在何时应该卖出（很多人卖出过早）。不过，知道何时买进能够弥补因为卖出过早而导致的许多错误。

如果你对内在价值的估计是正确的，那么随着时间的推移，资产价格将会与资产价值趋于一致。

乔尔·格林布拉特：把这句话记在心里：当市场出现短期的波动时，最重要的事情之一，就是记得市场终会回归正确。

公司价值几何？归根结底就是这个问题。单凭创意好或业务好就买进股票是不够的，你必须以合理的价格（或者顺利的话，以特价）买进。

《BUBBLE.COM》，2000年1月3日

所有这一切都引向一个问题：价格是怎么来的？为确保价格的正确性，潜在买家应考察什么？考虑基本面价值是毫无疑问的，不过大多数情况下，证券的价格至少还受到其他两个重要因素的影响：心理和技术（也是价格短期波动的主要决定因素）。

大多数投资者（当然包括大多数非职业投资者）对技术知之甚少。技术是影响证券供需的非基本面因素，也就是说，与价值无关。有两个例子：在股市崩盘导致采用杠杆的投资者接到追缴保证金通知，并被迫平仓发生强制卖出；当现金流入共同基金时，投资组合经理人就需要买进。在这两个例子中，人们都是在无法顾及价格的情况下被迫进行证券交易的。

相信我，再没有比在崩盘期间从不顾价格必须卖出的人手中买进更好的事了。我们有不少最好的交易都是在这种时候完成的。不过，我还要补充两点意见：

- 你不能以从强制卖家手中买进或把证券卖给强制买家为生；强制卖家和强制买家不是任何时候都有的，他们只在罕见的极端危机和泡沫时期才会出现。
- 既然从强制卖家手中买进是世界上最美妙的事，那么成为强制卖家就是世界上最悲惨的事。所以，把自己的事情安排好，保证自己能够在最艰难的时期坚持住（不卖出）是非常重要的。要做到这一点，既需要长期资本，又需要强大的心理素质。

乔尔 · 格林布拉特：对于个人投资者来说，这意味着如果你在市场上投入过多或重仓某一特定投资对象，而你不能忍受向下波动期间所带来的痛苦，那么你就可能会成为马克斯之前所提到的强制卖家。

由此，我要谈到第二个对价格产生强大影响的因素：心理。它的重要性怎么形容都不为过。事实上，它是如此重要，以至于我会拿出后面几章的篇幅来探讨投资者心理，以及应对各种心理表现的方法。

确定价值的关键是熟练的财务分析，而理解价格、价值关系及其前景的关键，则主要依赖对其他投资者的思维的洞察。投资者心理几乎可以导致证券在短期内出现任何定价，而无论其基本面如何。

乔尔·格林布拉特：还是那句话，正如巴菲特所说，最好的投资课会教人如何估价以及如何看待市场价格。认识到价格在短期内会严重偏离价值是关键，了解投资心理，并在出现偏离时从中获利是难点。

最重要的学科不是会计学或经济学，而是心理学。

关键在于弄清当前人们对某项投资的好恶。未来价格的变化取决于未来青睐这项投资的人是更多还是更少。

投资是一场人气竞赛，在人气最旺的时候买进是最危险的。在那个时候，一切利好因素和观点都已经被计入价格中，而且再也不会有新的买家出现。

霍华德·马克斯：第二个重要主题不是“最重要的事”，而是“最危险的事”。就像大家所看到的，本书将风险放在了第一位，描述了许多令投资陷入险境的事情。通过点评将它们汇总在一起，应该有助于读者识别并避免这些风险。最大的失败——1960年的漂亮50股票，1999年的互联网股票或2006年的次贷工具——都有着某种共同之处：找不到缺点。有多种方式可以描述当时的情况：

“完美定价”、“深受追捧”、“无懈可击”。但是，没有什么是完美的，事实证明缺点无处不在。当你为完美买单的时候，并没有得到你所预期的，相反，在真相大白的时候，你所付出的高价将会令你暴露于风险之下。这是真正的最危险的事情之一。

最安全、获利潜力最大的投资，是在没人喜欢的时候买进。假以时日，一旦证券受到欢迎，那么它的价格只可能向一个方向变化：上涨。

《识别投资机会的随想》，1994 年 1 月 24 日

显然，心理学是另一个至关重要且极难掌握的领域。首先，心理是难以捉摸的。其次，给其他投资者带来思想压力并影响其行为的心理因素，同样会作用在你的身上。正如你将在后面几章中将看到的，这些力量往往导致人们的行为与成为卓越投资者所必须具备的行为相违悖。因此，为了自保，你必须投入时间和精力去了解市场心理。

保罗 · 约翰逊：这句话对学生来说特别重要，因为他们的经验有限。

从买进证券的那一天起你就必须了解，基本面价值只是决定证券价格的因素之一，你还要设法让心理和技术为你所用。

霍华德 · 马克斯：“投资中的人性之道”是至关重要的。它是这样一个领域：卓越的投资者必须保证自身的卓越，因为如果你像其他人一样，会对心理因素所带来的非理性繁荣做出反应，那么财务分析也不能够保证会带来卓越的表现。因此，我的第三个主题与控制

情感和自我相关。实现这一点相当困难，因为在投资环境中，一切因素随时都会令投资者在错误的时间做出错误的抉择。我们都是人，所以我们面临的挑战是——如何在相同的条件之下表现得比其他投资者要好。

与认真谨慎的价值投资截然相反的是完全无视价格与价值之间的关系，盲目追求泡沫。

所有泡沫都是从重要的事实开始的：

- 郁金香美丽而罕见（在17世纪的荷兰）。
- 互联网将改变世界。
- 房地产能抵御通货膨胀，并且可以永久居住。

几个聪明的投资者发现了（或预见到）这些事实，因此投资获利。其他人随后明白过来——或者只注意到人们在赚钱，于是他们跟风买进，抬高了资产的价格。但是，随着价格进一步上涨，投资者受到发横财的可能性的刺激，对价格是否公平想得越来越少。这是对我曾经描述过的现象的一种极端再现：某种东西价格上涨时，人们的喜爱程度本应下降，但在投资中，他们的喜爱程度往往会加深。

乔尔·格林布拉特：这不可思议，但事实往往如此。人们被近期表现不错的投资所吸引，也会被近期业绩不错的投资经理所吸引，尽管这与投资经理在未来的表现通常没有太大的联系。

举例来说，2004~2006 年，人们可能只考虑关于住宅和公寓的种种利好：实现在美国置业梦想的愿望，为抵御通货膨胀，抵押贷款很划算而且还贷金额可以免税，最后达成了“房价只会上涨”的公认智慧。大家都知道公认的智慧带来了什么结果。

另一个臭名昭著的“稳赚不赔”的想法是什么呢？在科技泡沫时期，买家从不担心股价是否过高，因为他们相信有人愿意花更多的钱从他们手上买进。遗憾的是，博傻理论也有失灵的时候。价值最终开始发挥作用，此时接手的人不得不承担后果。

- 股票背后的利好可能是真的，但是，如果你买进的价格过高，仍然会损失。
- 利好以及似乎人人都享有的丰厚利润，最终会让那些起初抵制的人投降并买进。
- 当最后一个人坚持不住变成买家的时候，股票或市场就到“顶”了。到顶时间往往与基本面的发展无关。
- “价格过高”和“下一步将下跌”完全是两个意思。证券价格可能会过高并且维持相当长的一段时间……甚至会进一步上涨。
- 无论如何，价值最终会发挥作用。

《BUBBLE.COM》，2000 年 1 月 3 日

乔尔 · 格林布拉特：再读一遍最后一条！

保罗 · 约翰逊：这些要点非常正确，但是在陷入狂热冲动或泡沫的时候，要想掌握它们是有挑战性的。

问题是在泡沫时期，“有吸引力”变成了“在任何价格时，都有吸引力”。

人们常说,“它不便宜，不过我认为它会继续上涨，因为流动性是过剩的”（或许多其他理由）。换句话说，他们说的是“它已经被充分估价了，但是，我认为价格会变得更高”。在这样的基础上买进或持有是极其危险的，但泡沫就是这样形成的。

在泡沫时期，对市场势头的迷恋取代了价值和公平价格的观念，贪婪（加上在其他人似乎大发横财时旁观的痛苦）抵消了所有本应占据主导地位的智慧。

总而言之，我相信从真实价值出发的投资方法是最可靠的。相比之下，指望依赖价值以外的东西获利（比如靠泡沫获利）可能是最不可靠的方法。

思考以下可能的投资获利途径：

- 通过资产内在价值的增长获利。问题是价值的增长难以准确预测。此外，对于增长潜力的共识通常会推高资产价格，这意味着除非你有与众不同的高见，否则很有可能已经在为潜在的价值提升买单了。

  在某些投资领域［最明显的是私募股权（买进公司）和房地产］,“主导投资者”能够通过积极管理致力于提高资产价值。这样做是值得的，但这是一个长期而不确定的过程，并且需要大量的专业知识。取得进步有可能是非常困难的，比如在一个已经不错的公司里便是这种情况。
- 使用杠杆。这里的问题是，使用杠杆（借入资本买进证券）不会使投资变得更好，也不会提高获利概率。它只是把可能实现的收益或损失扩大化。这个方法还引入了全盘覆灭的风险：如果投资组合没有满足合同价值，那么在价格下跌以及流动性降低时，贷方可以要求收回资金。多年以来，杠杆一直与高收益相关，但它同样与最引人注目的暴跌与崩盘紧密联系在一起。

保罗·约翰逊：这是第4章最重要的内容之一，是年轻的投资者以身涉险都难以学会的。

- 以超过资产价值的价格卖出。每个人都希望出现一位愿意高价买进他想卖出的资产的买家。不过，显然你不能指望这样的买家会按照你的意愿出现。与定价过低的资产涨到其公平价值不同，公平定价或过高定价的资产的增值建立在买家的非理性基础上，因此是绝对不可靠的。
- 以低于价值的价格买进。在我看来，这才是投资的真谛——最可靠的赚钱方法。以低于内在价值的价格买进，然后等待资产价格向价值靠拢，这并不需要多么特殊的才能，只需市场参与者清醒过来面对现实即可。当市场运作正常的时候，价值就会强势拉升价格。

乔尔·格林布拉特：市场总有一天会正常运转并恢复“正确”。再好好地读一读马克斯的话吧，这些话非常有用。

保罗·约翰逊：在这里，马克斯清晰地描述了价值投资背后的简单之美。以正确的价格买进是价值投资里比较困难的部分。一旦能以正确的价格买进，那么何时上涨以及市场里其他投资者的反应，都无须多虑。

在所有可能的投资获利途径中，低价买进显然是最可靠的一种。不过，即使这样也未必一定奏效。你可能错误估计了当前价值，或者可能会出现降低价值的事件，或者你的态度与市场的冷淡导致证券以更低的价格出售，或者价格与内在价值达到一致所需的时间比你可以等待的时间要长，正如凯恩斯指出的，“市场延续非理性状态的时间比你撑住没破产的时间要长”。

低于价值买进并非万无一失，但它是我们最好的机会。

霍华德·马克斯：害怕看错的恐惧：即使判断是正确的，但最终使之实现所需要的时长对许多投资新手来说也是一个不小的打击。拥有对内在价值的坚定看法有一个最重要的作用——坚定信念：它支撑你坚守下去，直到市场认可你的意见并正确定价资产。

第 5 章
理解风险

风险意味着可能发生的事件多于确定发生的事件。

埃尔罗伊·迪姆森

投资只关乎一件事：应对未来。没有人能够确切地预知未来，所以风险是不可避免的。因此，应对风险是投资中一个必不可少的（我认为是根本的）要素。找到有潜力上涨的投资并不难。如果你能找到足够多，那么你可能已经在朝着正确的方向前进了。但是，如果不能正确地应对风险，那么你的成功是不可能长久的。第一步是理解风险。第二步是识别风险。最后的关键性一步，是控制风险。风险问题复杂而重要，我会拿出三章来对它进行全面的剖析。

保罗·约翰逊：马克斯在第 5 至 7 章中对风险的探讨，是我在众多投资类书籍中看到过的最全面、最完整的论述，也是我见过的所有讨论或出版物中描述得最清晰的。我认为这三章是本书最精华的部分。

为什么说风险评估是投资过程中必不可少的要素呢？有三个有力的理由。

第一，风险是一件坏事，大多数头脑清醒的人都希望避免风险或使其最小化。金融理论中的一个基本假设是，人的本性是规避风险的，意即他们愿意承受更低的风险而不是更高。因此，投资者在考虑某项投资时，首先必须判断投资的风险性以及自己对于绝对风险的容忍度。

第二，在考虑某项投资时，投资决策应将风险以及潜在收益考虑在内。出于对风险的厌恶，投资者必须被诱以更高的预期收益才会承担新增风险。简而言之，如果美国政府的中期债券和小企业的股票都有可能达到7%的年收益率，那么人人都会抢购前者（从而抬高价格并降低预期收益）而抛售后者（从而拉低价格并提高收益）。这一相对价格的调整过程被经济学家称为“均衡”，使得预期收益与风险相匹配。

因此，除了确定自己是否能够容忍伴随投资而产生的绝对风险，投资者的第二项工作是确定投资收益是否与所承担的风险相称。显然，收益只是投资时需要考虑的一个方面，而风险评估则是必不可少的另一个方面。

第三，在考虑投资结果时，收益仅仅代表收益，评估所承担的风险是必需的。收益是通过安全的还是有风险的投资工具得到的？是通过固定收益证券还是股票得到的？是通过投资大型、成熟的企业得到的，还是通过投资小型、不稳定的企业得到的？是通过投资流动性股票和债券还是流动性欠佳的私募股权得到的？是利用杠杆还是没有利用杠杆得到的？是通过集中化投资组合还是多元化投资组合得到的？

投资者拿到报表，发现自己的账户当年赚到10%的收益时，想必无从判断投资经理的业绩是好是坏。为了做出判断，他们必须对投资经理所承担的风险有一定的了解。换句话说，他们必须清楚“风险调整后收益”的概念。

乔尔 · 格林布拉特：然而，许多个人投资者和机构投资者的决策都以这一既不具备判断价值又不具备预测价值的数字为基础。

关于风险与收益之间的关系，在投资界有一个广泛应用的图示（见图5.1）。

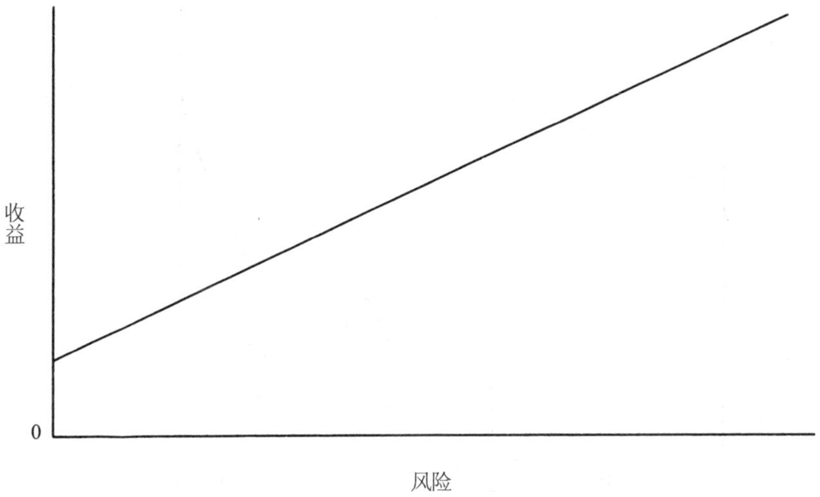

图5.1

它是一条倾斜向上的“资本市场线”，表明了风险与收益之间的正相关关系。市场努力使风险更高的资产看起来能够提供更高的收益。不然的话，谁会买呢？

我们所熟知的风险–收益关系图是简约而优雅的。遗憾的是，许多人从中得出一个错误的结论，并因此而身陷困境。

> 尤其是在经济繁荣时期，你会听到太多的人在说：“高风险投资带来高收益。要想多赚钱，就去承担更高的风险吧。”然而，靠更高风险的投资来获得更高的收益是绝对不可能的。原因何在？很简单：如果更高风险的投资确实能够可靠地产生更高的收益，那么它就不是真的高风险了！
>
> 正确的表述是：为了吸引资本，风险更高的投资必须提供更好的收益前景、更高的承诺收益或预期收益，但绝不表示这些更高的预期收益必须实现。

我对资本市场线的认知方式使我较为容易地将其背后涉及到的所有关系联系起来（见图 5.2）。

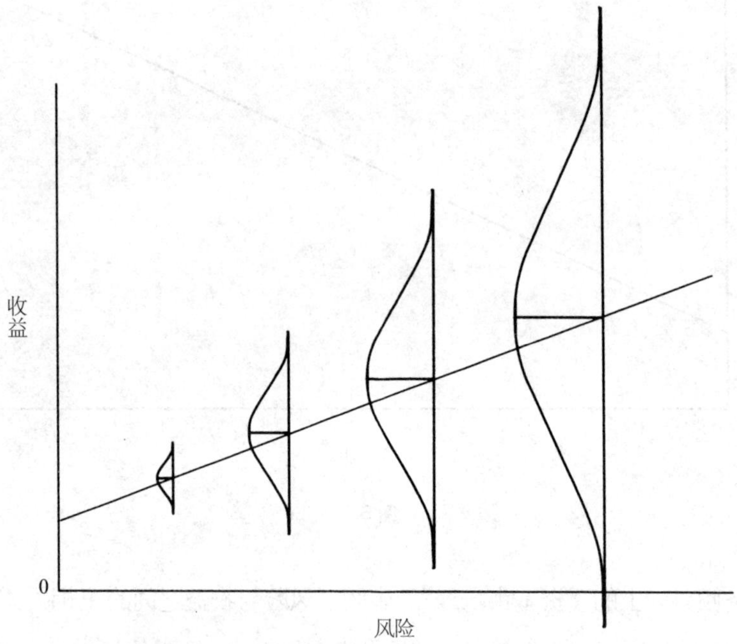

图 5.2

乔尔 · 格林布拉特：这张图有助于直观地观察风险与收益的关系。考虑未来收益的概率分布有助于提醒我们记得：在现实中，收益概率并不是呈正态分布的。

霍华德 · 马克斯：投资需要我们去应对未来。如果未来是可知的，那么投资也不会有太大的挑战性（因此也不会太有利可图）。因为未来是不可知的，所以我的最后一个关键主题围绕着理解不确定性的重要性而展开。上图说明了“更高风险”投资的本质。更高风险的投资与不确定性增加、损失概率增大相关。

更高的投资风险导致更加不确定的结果。也就是说，收益的概率分布更广。当定价公平时，风险较高的投资意味着：

- 更高的预期收益。
- 获得较低收益的可能。
- 在某些情况下，可能会损失。

传统的风险–收益曲线图（图5.1）具有误导性，它虽然表现了风险与收益之间的正相关关系，却没有表现出其中所涉及到的不确定性。它对承担更高的风险便能赚更多钱的坚定暗示，已经给许多人造成了极大的痛苦。

保罗·约翰逊：马克斯对于风险与收益之间的关系的探讨可谓是重要而清晰，图5.1与图5.2之间的比较尤为明了。图5.2体现了马克斯非同一般的洞察力，提供了一种比常见的图5.1更清晰、更准确的方法，来看待风险与收益之间的关系。

我希望我的曲线图更有帮助。它既表明风险和预期收益之间的正相关关系，又表明收益的不确定性以及随着风险的增加而加大的损失概率。

《风险》，2006年1月19日

保罗·约翰逊：说得真好！马克斯对"风险等于波动性"的摒弃受到了一些专家和实践者的推崇。同时，马克斯给"风险"下了一个更加深刻的定义。

乔尔·格林布拉特：将资本永久亏损的风险比作潜在回报，是投资最重要的概念之一。然而，马克斯指出，许多金融理论认为风险只是用以衡量收益的相对波动性——这样的观点并不正确，不符合大多数投资者对于风险的认知。

接下来，我们的主要任务是定义风险。风险究竟是什么？我们可以通过它的近义词——危险、冒险、危害、极大危险——来了解。它们听起来似乎都是风险的近义词，并且相当不受欢迎。

然而，金融理论（提出图 5.1 所示的风险–收益曲线图及风险调整概念的同一理论）却将风险明确地定义为波动性（或易变性、偏差）。这些词当中没有一个能够表达出“危险”的必然含义。

在学者看来，风险等于波动性，因为波动性表明了投资的不可靠性。我对这一定义不敢苟同。

我认为，学者们（自觉或不自觉地）出于方便起见，才选择了以波动性指代风险。他们需要一个可计算的、客观的、能够查明来龙去脉的数字。波动性符合他们的要求，而大多数风险类型不符合。这一切的问题在于，我并不认为波动性就是大多数投资者所关心的风险。

风险有许多种……而波动性可能是与之最无关的一个。理论认为，投资者会从波动性更大的投资中要求更高的收益。但是，如果波动性更高的投资有可能产生更高的收益，那么在市场设定投资价格时，一定会有人对这种关系有需求，但我却从未遇到过这样的人。我从未听到任何人在橡树资本管理公司（或在其他地方）说过“我不会买进它，因为它的价格可能出现巨大波动”，或“我不会买进它，因为它有可能出现季度性下跌”。因此，我很难相信波动性就是投资者在设定价格和预期收益时需要考虑的风险。

我认为，人们拒绝投资的主要原因是他们担心亏本或收益过低，而不是波动性。在我看来，“我需要更多的上涨潜力，因为我怕赔钱”，比“我需要更多的上涨潜力，因为我怕价格会出现波动”要合理得多。是的，我确信“风险”就是——首要的是——损失的可能性。

《风险》，2006年1月19日

永久性损失的概率是我、橡树资本管理公司以及我所认识的每一位实际投资者所担心的风险。此外，你还应对许多其他类型的风险有所了解，因为它们能够对你或别人产生影响，从而为你带来获利的机会。

保罗·约翰逊：我可以肯定地说，造成资本永久性亏损的风险是唯一需要担心的风险。

投资风险有多种形式。很多风险对某些投资者来说干系重大，对其他投资者则不；它们会使某项投资对某些投资者来说是安全的，对其他投资者来说则是危险的。

- 不达目标——投资者有不同的需求，对于投资者来说，需求没有得到满足便造成了风险。一位退休高管可能需要4%的年收益来支付账单，而6%的年收益率就是一笔意外之财。但是，对于养老基金来说，年均8%的收益是必需的，长期保持6%的收益就会造成严重的风险。显然风险是个体化和主观性的。某项投资对一些人来说是有风险的，对其他人则不是。因此，它不可能是“市场”为要求更高预期收益补偿的那种风险。

- 业绩不佳——假设投资经理知道，无论客户账户的表现有多好，未来也不会有多少收益，但是显然，如果客户账户的表现跟不上某些指数的表现，就会失去这个客户。这就是“基准风险”，投资经理可以通过模仿指数的方式来消除它。但是，每一位不愿放弃优异表现、选择追求不同于指数投资目标的投资者，都会经历业绩欠佳的时候。事实上，因为许多最好的投资者强势坚持自己的方法（又因为没有任何方法是永远奏效的）所以最好的投资者也可能会出现业绩不佳的时候。特别是在狂热时期，训练有素的投资者是不愿冒跟风的风险的。（例如1999年的沃伦·巴菲特和朱利安·罗伯逊。在那一年，业绩落后是一种勇气的象征，因为它代表着对科技泡沫的拒绝。）

乔尔·格林布拉特：2000年以后，在投资业绩名列前矛的投资经理中，有79%的投资经理至少有三年的时间排名处于后段。（来源：戴维斯投资顾问公司）大多数投资者会追逐热门基金，而不会跟随短期业绩不佳的投资经理。

- 职业风险——这是业绩不佳风险的一种极端形式：当资金管理者和资金所有者是不同的人时，风险就产生了。在这种情况下，经理（或“代理人”）可能不会太关心收益，因为他们不参与分成，但他们会极端恐惧可能导致自己失业的损失。言外之意很明显：可能会不利于收益从而导致代理人被解雇的风险，是不值得承担的。
- 不蹈常规——同理，与众不同是有风险的。比起非常规投资失败所致的被解雇的可能性，交出平均成绩可能令资金管理者更为舒服，无论这一业绩所代表的绝对价值是多少……对这一风险的担忧使得许多人与优异业绩擦肩而过，但同时它也为那些敢于与众不同的人创造了非常规的投资机会。

- 流动性低——如果投资者需要一笔钱在三个月内做手术或在一年内买房，那么他（或她）就不能进行届时没有折现把握的投资。因此，对该投资者来说，风险不仅仅是损失或波动性，或上面提到的任何风险。它是一种无法在需要的时候以合理的价格将投资转化为现金的风险，也是一种个体化风险。

《风险》，2006 年 1 月 19 日

现在，我要花一点儿时间来探讨导致损失风险的原因。

首先，基本面弱未必导致损失风险。基本面弱的资产——业绩欠佳企业的股票，投机级债券或选址错误的建筑——如果买进的价格足够低，也能成为一项非常成功的投资。

其次，风险可能在宏观环境并未走弱时出现。自负、对风险的无知和放任以及一点点发展的不利结合到一起，便足以带来灾难。灾难有可能发生在任何没有花费时间和精力去理解自己投资组合的基本过程的人身上。

损失风险主要归因于心理过于积极，以及由此导致的价格过高。投资者倾向于将动人的题材和时髦的概念与高潜在收益联系在一起。他们还期望从近期表现不错的股票上得到高收益。这些热门投资可能暂时会实现人们的期望，但是毫无疑问，它们也蕴含着高风险。它们被人群的兴奋推高到我称之为“盲目跟风”的地步，它们提供了持续高收益的可能性，但同时也存在低收益或负收益的可能性。

霍华德·马克斯：最危险的事：最危险的投资状态通常源于过于乐观的心理。因此，损失的发生未必源于基本面的恶化，下调投资者的预期即可避免。高价往往会因自重而崩溃。

理论认为，高收益与高风险相关，因为前者为补偿后者而存在。但是，务实的价值投资者的感觉恰恰相反：他们相信，在以低于价值买进证券的时候，高收益、低风险是可以同时实现的。同样，价格过高则意味着低收益、高风险。

单调的、被忽视的、可能遭到冷落和打压的证券——通常正因为它们的表现不好而成为低价证券——往往成为价值投资者青睐的高收益证券。这类证券以低波动性、低基本面风险以及在市场不利时损失更低为特征，虽然在牛市中很少能有出类拔萃的收益，但平均表现普遍良好，比“热门”股票的收益更加稳定持久。在大多数情况下，这类貌不惊人的低价证券最大的风险是有可能在牛市中表现落后。不过，具有风险意识的价值投资者是愿意承担这种风险的。

我相信我们都同意，投资者也应该必须要求他们认为风险更高的投资提供更高的预期收益。我们有望达成一致的是，损失风险是人们在要求预期收益以及设定投资价格时最关心的风险。于是，一个重要的问题来了：如何衡量损失风险呢？

首先，显然有一个见仁见智的问题：对未来做出训练有素的估计是有可能的，但估计始终只是估计。

其次，量化标准是不存在的。对于任何特定投资，都会有一些人认为风险较高，而另一些人则认为风险较低。有人将风险称为不赚钱的可能性，有人则将其称为损失一定比例资金（诸如此类）的可能性。有人认为它是时限一年的损失风险，有些人则认为它是跨度为整个持有期的损失风险。显然，即使将一项投资的所有相关投资者都集中到一个房间里摊牌，他们也永远不可能商定出一个能够代表投资风险的数字。即使能，他们给出的数字与另一组投资者为另一项投资给出的数字也不太可能有可比性。这就是为什么我说风险和风险–收益决策不能被“机加工”，即不能移交给计算机去做的原因之一。

60 多年前，本 · 格雷厄姆和戴维 · 多德在价值投资者的圣经《证券分析》再版时，做了如下表述：“不同投资与其发生损失的风险之间的关系很不确定、很容易发生变动，因此也无从引入有效的数学计算公式。”

再次，风险是有欺骗性的。常规性事件很容易估计，如反复发生的事件将有再次发生的可能。但是，反常的、千载难逢的事件很难被量化。投资易受偶发的严重风险（如果有的话）——我称之为“不可能的灾难”——影响这一事实表明，实际风险可能比看上去更为危险。

总而言之，前瞻性研究表明，多数风险都具有主观性、隐蔽性和不可量化性。

如此一来，我们会面临什么样的情况呢？如果损失风险是无法被衡量、被定量甚或无法被观察的——如果它还是主观性的——那么该如何应对它呢？训练有素的投资者对于在特定环境中出现的风险是有自己的判断的。他们判断的主要依据是价值的稳定性和可靠性，以及价格与价值之间的关系。其他东西也会纳入他们的考虑范围，但其中的大部分可归结为以上两个因素。

近来有许多使风险评估更加科学化的努力。金融机构已经开始常规性聘请独立于资产管理团队之外的“风险经理”，并且已经采用计算机模型（如“风险价值模型”）来衡量投资组合风险。但是，这些人及其工具得到的结果并不比其所依赖的原始数据、输入数据的处理方法好。在我看来，他们永远比不上最好的投资者的主观判断。

考虑到损失概率的定量难度，希望客观衡量风险调整后收益的投资者——这样的人很多——只能求助于所谓的夏普比率。它是投资组合的超额收益（高于“无风险利率”或短期国债利率的收益）与收益标准差之间的比率。这种计算方法对于交易和定价频繁的公开市场证券似乎是适用的，它具有一定的合理性，是我们现有的最好的方法。尽管夏普比率没有明确涉及到损失的可能性，但是有理由相信基本面风险较高的证券，其价格波动性高于比较安全的证券，因此夏普比率与损失风险有一定的相关性。对于缺乏市场价格的私人资产——如房地产和整家公司——则没有主观风险调整的替代指标。

乔尔·格林布拉特：类似的，索提诺比率（Sortino Ratio）不太适用于既有上行波动又有下行波动的双向波动，而是更适用于下行波动。不过，这两个指标都能很好地衡量未来损失的风险。

几年前，在思考前瞻性风险衡量难度的同时，我意识到，由于其隐蔽性、不可量化性及主观性，投资风险——损失的可能性——也无法用回顾性方法及演绎推理法来衡量。

假设你做了一项如愿以偿的投资，这是否意味着这项投资没有风险呢？也许你以 100 美元买进了某种东西，一年后以 200 美元卖出。这项投资有风险吗？谁知道呢？或许它曾经令你暴露于巨大的但未实现的潜在不确定性之下。如果是这样的话，那么它的风险可能很高。或者假设投资产生了损失，这是否意味着这项投资有风险呢？是否应该在分析并进行投资的时候就认为投资是有风险的呢？

想想看，其实问题的答案很简单：某件事情（在这里指的是损失）的发生并不意味着它是必然发生的，某件事情没有发生也不意味着它是不可能发生的。

在我看来，纳西姆·尼古拉斯·塔勒布的《随机漫步的傻瓜》是解决这个问题的权威。在书中，塔勒布探讨了可能发生却没有发生的“未然历史”。在第16章中还有更多关于这本重要书籍的内容，但是我现在感兴趣的是，未然历史的概念与风险是如何联系的。

塞思·卡拉曼：这也可能就是一流管理的高明之处。精明的投资经理会预先了解许多可能威胁其业务的风险，并采取行动减轻或避免这些风险。而愚钝的投资经理则会忽视风险或不能及时采取行动，从而给公司招致本可避免的损失。

在投资领域里，一个人靠一次杰出成功或一个极端但最终正确的预测就能活很多年。但是，一次成功能证明什么呢？在市场繁荣的时候，最好的成果往往由那些承担最高风险的人取得。他们是能聪明地预感到繁荣期的到来，并利用β系数积累财富的投资者，或者只是天性爱冒险且态度积极，正好赶上了好时间？简单地说，在我们这个行业中，人们因为错误的原因而正确的频率有多高？纳西姆·尼古拉斯·塔勒布将这些人称为“幸运的傻瓜”，显然，短期内很难将他们与训练有素的投资者区别开来。

关键在于，即使平仓后，想弄清楚投资有多少风险也是不可能的。当然，成功的投资并不意味着没有风险，反之亦然。对于一个成功的投资而言，你如何知道好结果是必然的，还是仅有1%的概率（大部分结果都不令人满意）？失败的投资亦是如此：我们如何确定它是一个合理但运气不佳的冒险，或者只是一种受到应有惩罚的胡乱下注？

投资者是否很好地估计了投资所包含的风险？这是另一个难以回答的好问题。需要一个例子吗？想想天气预报员吧。他说明天有70%的下雨概率。下雨了，他是对了还是错了？没有下雨，他是对了还是错了？除非经过大量试验，否则，除0和100以外，概率估计的准确性是无法评估的。

《风险》，2006年1月19日

这令我想到本章开篇所引用的埃尔罗伊·迪姆森的话："风险意味着可能发生的事件多于确定发生的事件。"接下来，我们要讨论的是风险纯哲学的一面。

霍华德·马克斯：了解不确定性：迪姆森的名言提示了我们一个非常简单的概念：在未来，很多事情都是有可能的。我们不知道哪个可能性会变为现实，这一不确定性加大了投资的挑战性。"单一情境"投资者会忽略这一事实，他们会简单地考虑未来的单一偶然结果，并期待在此基础上得到良好收益。

或许你还记得本章的开篇句——投资只关乎一件事：应对未来。不过，显然我们不可能"知道"关于未来的任何事情。如果有远见，我们可以对未来结果的范围及其发生的相对概率有一定的了解——也就是说，我们能构建粗略的概率分布。（相反，如果没有远见，我们就不会知道这些东西，构建概率分布就只能靠猜想。）

霍华德·马克斯：了解不确定性：多结果可能性意味着我们一定不能只考虑未来的单一结果，而是要考虑一系列的可能性。最好是有一个概率分布——既能概括概率，又能描述概率之间的相关性。我们必须全盘考虑，而不只是考虑最有可能实现的一种情况。在投资者忽略了极低概率事件的情况下，容易出现一些最重大的损失。

如果对未来有一定的认识，我们就能判断出哪些结果最可能发生、哪些结果有可能发生，以及可能的结果的分布范围，继而得出“预期结果”。预期结果由每个结果的发生概率加权而来，它能表明许多未来可能发生的情况——但并非全部。

即使我们知道概率分布情况，知道哪些结果是最有可能发生的，也知道预期结果是什么——即使我们的预期相当正确——我们所知道的也只不过是概率或趋势。我常与我的好朋友布鲁斯·纽伯格玩几个小时的金拉米和十五子棋。我们乐此不疲地把时间消耗在胜算绝对可知的扑克和色子上这一事实，证明了随机性的重要作用，从而进一步证明了概率的变化莫测。布鲁斯曾经做过精彩的总结：“概率与结果之间存在巨大的差异。可能的事情没有发生（不可能的事情却发生了）向来如此。”这是你应该知道的关于投资风险最重要的事之一。

乔尔·格林布拉特：在考虑投资组合时要牢记，极低概率事件会影响到你的大部分投资。

虽然现在讨论的是概率分布，但我想花些时间专门谈一谈正态分布。显然，投资者需要对未来事件做出判断。为此，我们先选定一个我们认为事件可能会围绕它而聚集的中心值。这个值可能是平均值或者期望值（预期发生的平均结果），可能是中位数（高于它和低于它的结果各占一半），也可能是众数（唯一最可能的结果）。不过，想要应对未来，只有一个核心期望值是不够的，我们必须了解其他可能的结果及其发生的概率。我们需要一种能够描述所有概率的分布形式。

多数围绕某一中心值聚集的现象（如人的身高），构成了人们所熟知的钟形曲线：某个特定观察对象发生的概率在正中间达到峰值，并向两端（即尾部）逐渐变弱。可能身高 5 英尺 10 英寸①的人最多，5 英尺 9 英寸或 5 英尺 11 英寸的人略少一些，5 英尺 3 英寸的人或 6 英尺 5 英寸的人更少一些，4 英尺 8 英寸或 4 英尺 7 英寸的人几乎没有。标准分布不是逐一列举每个观察对象发生的概率，而是提供了一种概括概率的简便方法，如此一来，少许统计数字便能够告诉你关于未来你必须知道的一切。

最常见的钟形分布被称为“正态”分布。但是，人们往往将钟形分布和正态分布混为一谈，其实二者是不一样的。前者是一种分布类型，而后者是具有明确统计特性的特殊的钟形分布。未能将两者正确地区分开无疑是造成近期信贷危机的重要原因。

在危机发生前的那几年，金融工程师，或称为“宽客”（quant），在创造和评价金融产品（如衍生品）及结构性产品中扮演了重要的角色。多数情况下，他们会假定未来事件呈正态分布。但是，正态分布假设的是尾部事件极少发生，而金融事件的分布（由具有情感驱动极端行为倾向的人所决定）或许应被理解为具有“肥”尾。因此，当大规模抵押贷款违约发生时，本来被认为不可能发生在抵押贷款相关性金融工具上的事件开始频繁地发生。在正态分布基础上构建金融工具的、没有太多余钱应对“尾部事件”（有些人可

① 1 英尺=30.48 厘米，1 英寸=2.54 厘米。——编者注

能会借用纳西姆·尼古拉斯·塔勒布的术语“黑天鹅”）的投资者，往往会遭遇失败。

既然当前的投资已经如此依赖高等数学，我们就不得不警惕人们错误地将简单假设应用到复杂世界中的情况。量化往往使某些不该被轻信的言论获得过高的权威，即有可能会造成麻烦。

理解风险的关键是：风险在很大程度上是一个见仁见智的问题。即使是在事件发生之后，也很难对风险有明确的认识。当你看到一位投资者在经济不景气的时候比另一位投资者损失得少时，你可能得出这个投资者所承担的风险较小的结论。或者当你注意到一项投资在特定环境下比另外一项投资跌得厉害时，你可能因此会认为它的风险较大。这些结论一定是正确的吗？

平心而论，我认为投资表现是一系列事件——地缘政治的、宏观经济的、公司层面的、技术的、心理的——与当前的投资组合相碰撞的结果。迪姆森的话可以解释为：未来有多种可能性，但结果却只有一个。你得到的结果对你的投资组合可能有益，也可能有害，这可能取决于你的远见、谨慎或者运气。你的投资组合在一种情况下的表现与它在其他可能发生的“未然历史”下的表现毫不相干。

保罗·约翰逊：完全理解这一观点，将会向理解投资表现迈进一大步，并对投资理念有着重要的影响。

- 一个能够经受住 99% 概率考验的投资组合可能会因剩下的 1% 概率的实现而垮掉。从结果上看，这个投资组合一直存在风险，尽管投资者已经相当谨慎。

- 另外一个投资组合也许有一半可能表现良好，而另一半可能表现很差。但是一旦理想环境成为现实，投资组合成功，那么旁观者就会断定它是一个低风险投资组合。
- 第三个投资组合的成功完全取决于异常事件的发生，但是一旦事件真的发生了，冒进则会被误认为是稳健的或具有远见。

收益本身（尤其是短期收益）不能说明投资决策的质量。评估收益时必须相对于实现收益所承担的风险。然而，风险是无法衡量的。当然，风险不可能以某一时刻“所有人”的话为基础来衡量。只有老练的、经验丰富的第二层次思维者才能判断出风险。

以下是对理解风险的总结：

投资风险在很大程度上是事先观察不到的——除了那些拥有非凡洞察力的人——甚至在退出投资之后也是如此。正因如此，我们见到过的许多金融大灾难都未能被成功地预测，人们也未能很好地管理风险。原因有几个：

- 风险只存在于未来，而未来会怎样是不可能确定的……而当我们回顾过去时，是不存在不确定性的，但是这种确定性并不表示产生结果的过程是确定而可靠的。在过去的每种情况下，都存在发生许多事件的概率，最终只有一个事件发生的事实低估了实际存在变化的可能性。
- 承担风险与否的决策建立在常态再现的期望之上。在大多数情况下，确实如此。但是，异常事件时有发生……不可能的事件也偶有发生。

- 预测倾向于围绕历史常态而聚集，仅容许微小的变化……关键是，人们通常会预测未来与过去相似，而对潜在的变化估计不足。
- 我们常听说对“最坏情况”的预测，但是，结果往往显示预测的程度还不够坏。讲讲我父亲的故事吧，他是一个经常输钱的赌徒。一天，他听说有一场只有一匹马参加的比赛，于是把付房租的钱都拿去下注了。然而，在赛程进行到一半的时候，那匹马跳过护栏逃跑了。事情总比人们预想的更糟。或许“最坏情况”只意味着“我们过去见过的最坏情况”，但它并不代表未来事件不可能更糟。2007年的恶劣形势超出了许多人的最坏情况预测。
- 风险不是一成不变的。假如我们说每年有“2%的抵押贷款违约”，那么，即使多年平均值的确如此，但是在任何时间点都有可能出现导致一种结构性金融工具覆没的、不同寻常的大规模违约事件。总会有投资者（特别是高杠杆投资者）无法在这种时候生存下来。
- 人们高估了自己判断风险的能力，以及对未曾见过的投资机制的理解能力。从理论上来说，人与其他物种的区别之一是，我们不必亲身经历某件事情便能知道它的危险性。我们不需要通过烧伤自己来验证我们不应坐在滚烫的火炉上这一事实。但是在牛市中，人们往往会丧失这种能力。他们不是去识别未来的风险，而是倾向于高估自己对金融新发明的理解力。
- 最后，也是最重要的一点，大多数人将风险承担视为一种赚钱途径。承担更高的风险通常会产生更高的收益。市场必须设法证明实际情况似乎就是这样，否则人们就不会进行高风险投资。但是，市场不可能永远都以这样的方式运作，否则高风险投资的风险也就不复存在了。一旦风险承担不奏效，它就会完全不起作用，直到这时人们才会想起风险究竟是怎么回事。

《这一次没有什么不同》，2007 年 12 月 17 日

霍华德 · 马克斯：了解不确定性：投资需要我们对未来做出决策。通常，我们会假设未来与过去有相似之处。但并不意味着，结果的分布永远是相同的。小概率和极小概率事件也是有可能发生的，难以预测的结果会迅速地出现（并走向极端）。对不确定性的错误估计是使投资者陷入困境的一大原因。

第6章
识别风险

我相信，因为现在的体系过于稳定，所以我们要用更多的杠杆和风险承担来降低它的稳定性。

迈伦·斯科尔斯

人们普遍认为，风险在经济衰退以及经济由盛转衰时增大。与此相反，认为风险在经济上升时增加，并且随着经济失衡的扩大在衰退期化为现实的想法，可能更为有益。

安浩德

无论基本面有多好，人类的贪婪与犯错倾向都会把事情搞得一团糟。

杰出的投资需要创造收益和控制风险并重，而识别风险是控制风险的绝对前提。

我希望我已经说清楚了我所认为的风险是什么（以及不是什么）。风险意味着即将发生的结果的不确定，以及不利结果发生时损失概率的不确定。接下来的重要步骤是描述风险识别的过程。

保罗·约翰逊：这是我所见过的最清晰、最精确的风险定义。马克斯成功地把它解释清楚了。

识别风险往往从投资者意识到掉以轻心、盲目乐观并因此对某项资产出价过高时开始。换句话说，高风险主要伴随着高价格而出现。无论是对被估价过高从而定价过高的单项证券或其他资产，还是对在看涨情绪支持下价格高企的整体市场，在高价时不知规避反而蜂拥而上都是风险的主要来源。

乔尔·格林布拉特：买价过高是造成亏损的一个主要原因，暂且不论其他风险，如波动性或分散投资程度。

霍华德·马克斯：最危险的事：最大的风险并不是来自于低质量或高波动性，而是来自于买价过高。这并不是假想的风险，而是活生生的现实。

理论家认为收益和风险是两码事，尽管二者有相关性；而价值投资者认为高风险和低预期收益不过是同一枚硬币的两面，二者都主要源自高价格。因此，洞察价格与价值之间的关系——无论对单项证券还是整体市场来说——是成功应对风险的重要组成部分。

克里斯托弗·戴维斯：买价过高既加大了风险又降低了收益。

当市场被推高，以致价格意味着更多的损失而不是潜在回报时，风险就增加了。应对风险从识别风险开始。

乔尔·格林布拉特：对于价值投资者来说，错误估价的风险是这一思维过程的组成部分。

从向上倾斜的资本市场线来看，潜在收益增长代表了对新增风险承担的补偿。除了那些能够创造“α 系数”或能够找到使用 α 系数的投资经理的人，投资者不应期望在不承担新增风险的情况下获得增值收益。若要承担新增风险，必须要求风险溢价。

但是，在市场兴衰的某些时间点上，人们通常会忘记这一事实而承担过多的风险。简而言之，在牛市中——通常是在牛市已经持续一段时间的时候——人们往往会说：“风险是我的朋友。承担的风险越多，收益就越大。给我更多的风险吧。”

霍华德 · 马克斯：最危险的事：过高的价格源于投资者过于乐观的预期，投资者过于亢奋的情绪往往是由于缺乏风险规避的意识。懂得风险规避的投资者清楚亏损的隐患，并且会以合理的价格来补偿其所承担的亏损隐患。当投资者未能采取足够的风险规避措施时，他们就需要承担过高的价格。

事实上，风险容忍是成功投资的对立面。当人们不再担心风险的时候，他们会在不要求补偿的情况下接受风险……风险溢价便不复存在。这是一种简单而必然的关系。当投资者无所畏惧、容忍风险的时候，他们就会买进高市盈率的股票和高EBITDA（现金流，定义为税息折旧及摊销前利润）的私营公司，疯抢收益率差较窄的债券和最低“资本化率”（营运净收入与价格的比率）的房地产。

普遍相信没有风险本身就是最大的风险，因为只有当投资者适当规避风险时，预期收益中才会包含风险溢价。希望将来的投资者能畏惧风险并要求风险溢价，而我们应继续警惕他们做不到这一点。

《太多错误与狂热》，2009 年 7 月 8 日

克里斯托弗 · 戴维斯：对此，有一个很好的类比。研究显示，与普通的小汽车相比，越野车司机和乘客发生的交通事故更多，尽管越野车更大更结实。越野车司机认为自己没有发生事故的风险，从而会危险驾驶。安全感有可能会增加风险，而风险意识则会降低风险。

霍华德 · 马克斯：最危险的事："普遍相信没有风险则是最大的风险。"本段开头的这句话很有价值。它给出了一个极好的例子，强调了投资者的行为方式创造了他们所面临的风险。无忧无虑才是真正最危险的事。

因此，产生风险的首要因素是认为风险很低甚至已经被完全消除的意识。这一认识推高了价格，导致了低预期收益下的冒险行为。

2005~2007 年，在相信风险已被消除的信念下，价格高达泡沫水平，从而导致投资者采取了事后被证明是冒险的行动。这是所有过程中最危险的一环，并且有显著的复发倾向。

霍华德 · 马克斯：最危险的事：在我的职业生涯中，我曾经看到"风险已经被消除，周期不再存在，经济规律不会起作用"这一观点有所抬头。经验丰富、具备风险意识的投资者认为这预示着更大的危险。

在过去几年里，最诱人且危险的一个神话是，全球性风险降低，理由是：

- 经济周期风险已被美联储管理层机敏地化解了。
- 风险已因全球化而在世界范围内分散，而不是地域性集中。

- 证券化和企业联合化已将风险分散至多个投资者身上，而不是集中在几个市场参与者身上。
- 风险已被“分级”到有能力承担风险的投资者身上。
- 杠杆风险已经较低，因为利率和贷款期限对借款人更加宽松。
- 杠杆收购更加安全，因为被收购公司的基本面更加强劲。
- 做多（做空）投资和绝对收益投资以及为对冲风险而设计的衍生品能够对冲风险。
- 计算机、数学、模型的发展已经使市场更容易被理解，因而风险更低。

乔尔 · 格林布拉特：在评估各种分散投资的真正好处时，这样的想法是非常重要的。

《养老金与投资》杂志（2007年8月20日）有一个恰当的比喻：“吉尔 · 弗瑞斯顿是举国公认的雪崩应对专家……她知道这样一种道德风险：更好的安全装备可能吸引登山者承担更多的风险——实际上会令他们更不安全。”与赚钱机会类似，市场的风险水平源自参与者的行为，而不是证券、策略和机构。无论市场结构被设计成什么样子，只有在投资者行为审慎时，风险才会较低。

总而言之，关于风险控制的神话很少有成真的。风险是不能被消除的，它只能被转移和分散。令这个世界看起来风险更低的进展通常是虚幻的，由此呈现出的美好景象往往有导致风险增高的倾向。这些都是我们在2007年得到的重要教训。

《现在一切都很糟》，2007年9月10日认为风险已经消失的看法是最危险的风险源头之一，也是促成泡沫的主要因素。在市场的钟摆达到最高点时，认为风险很低以及投资一定能获利的信念令人们激动不已，以致他们丧失了对损失应有的警惕、担忧及恐惧，只对错失机会的风险耿耿于怀。

霍华德 · 马克斯：最危险的事：2009 年夏天，《纽约时报》邀请了十几个人分析经济危机的原因。我的回答于 2009 年 10 月 5 日发表在 dealbook.com 上，标题是“信任过多，担忧太少”，指出无忧无虑的投资者自身就是自己最大的敌人。

近期危机发生的主要原因是，投资者对新奇、复杂、危险的事情的涉足比以往任何时候都多。他们过度使用杠杆，在流动性差的投资上投入过多资本。他们为什么要这么做呢？因为他们相信得太多，担心得太少，以至于承担的风险过多。简而言之，他们相信自己生活在一个低风险世界里……

“担忧”，以及相关词汇——“不信任”、“怀疑”、“风险规避”，是一个安全的金融体系必不可少的组成部分。“担忧”能够阻止高风险贷款的发放，阻止企业超出付息能力的过度借款，阻止投资组合过度集中，阻止未经证实的计划成为受人追捧的狂热。当“担忧”和“风险规避”适时出现时，投资者会怀疑并进行调查、审慎行动。如果是这样的话，人们就不会进行高风险投资了，或者他们会在预期收益时，要求高风险投资提供适当的补偿。

只有当投资者有效地规避风险时，市场才会提供适当的风险溢价。当“担忧”不足时，高风险借款人和可疑计划将更容易获得资金，金融体系将变得岌岌可危。会有过多的资金去追逐风险以及新生事物，从而推高资产价格，降低预期收益和安全性。

显然，在本次危机发生之前的数月乃至数年里，鲜有参与者表现出应有的担忧。

《试金石》，2009 年 11 月 10 日

~

投资风险主要源自过高的价格，过高的价格往往源自过度乐观、怀疑不足以及风险规避不足。可能的基本因素包括安全投资的低预期收益、高风险投资近期的良好表现、强劲的资金流入以及贷款的易得性。关键在于理解到底是什么在影响这类事件的发生。

投资的思维过程是一个连锁过程，每一项投资都会设定下一项投资的要求。以下是我在 2004 年对这一过程所做的描述：

我会用前几年的“代表性”市场阐明投资思维在现实生活中的思考过程。假设 30 天国债的利率是 4%。投资者说：“如果要我拿出钱买 5 年期国债，那么我需要 5% 的利率。如果买 10 年期国债，我必须得到 6% 的利率。”到期日较长时，投资者会要求更高的利率，因为他们关心购买力风险（一种假设会随着到期日的来临不断增加的风险）。这就是为何收益率曲线（实际上是资本市场线的一部分）通常随着资产寿命的增长而向上倾斜的原因。

现在，让我们来考虑信用风险因素。“如果 10 年期国债的利率是 6%，那么除非 A 级企业承诺 7% 的利率，否则我是不会买进它的 10 年期债券的。”这就引入了信用利差的概念。我们假定的投资者需要 100 个基点才会从“政府”转向“企业”。如果投资者就此达成共识，那么这就是利差。

非投资级债券的情况如何呢？“除非我能得到的利率超过具有相同到期日的国债的利率 600 个基点，否则我是不会碰高收益债券的。”因

此高收益债券需要12%的利率，即与国债之间达到6%的利差，才能吸引买家。

现在抛开固定收益不谈。问题越发困难了，因为你不可能知道投资（如股票）的预期收益（简单来说，这是因为它们的收益是推测出来的，而不是“固定”的），但是投资者对此有一定的判断。“标准普尔股票的历史收益率为10%，那么只有在我认为这些股票还会保持这样的表现时我才会买进……高风险股票的收益应该更高，除非得到13%的收益率，否则我是不会买在纳斯达克上市的股票的。”

“如果我能从股票上赚到10%的收益，那么我需要15%的收益率才能接受缺乏流动性和确定性的房地产。如果是进行收购，收益率要达到25%……30%的收益率才能诱使我去进行风险投资，因为风险投资的成功率非常低。”

这就是我们所假设的投资思维过程，事实上我认为大体上的确是这样的（尽管必要条件往往不尽相同）。结果是一条大部分人都熟悉的资本市场线（如图6.1所示）。

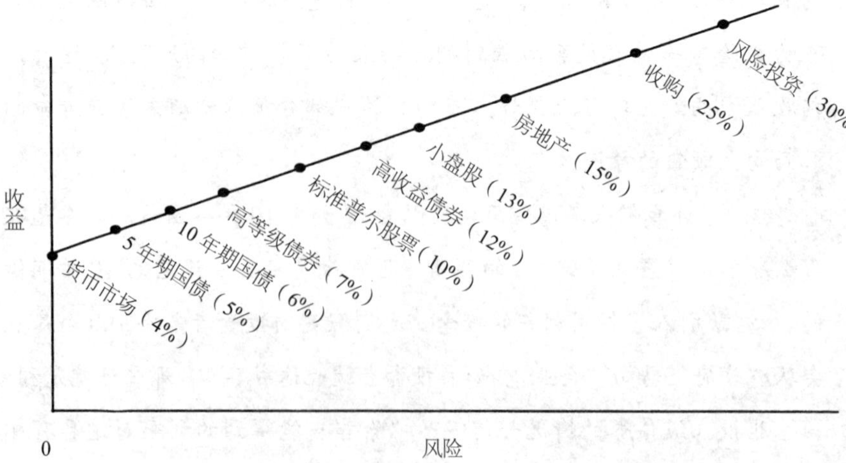

图6.1

当前关于投资收益的一大问题来自于这一思维过程的起点：无风险利率不是4%，而是接近1%……

愿意接受时间风险的一般投资者仍然想要更高的收益，但若以1%的起点计，那么4%的利率（而不是6%）才是10年期债券的应有收益。没有6%到7%的收益，他们就不会投资股票。收益率低于7%的垃圾债券不值得投资。房地产必须有8%左右的收益率。收购必须承诺15%的收益率才能保持吸引力等。因此，我们现在得到了一条如图6.2所示的资本市场线，它表现得较低、较平。

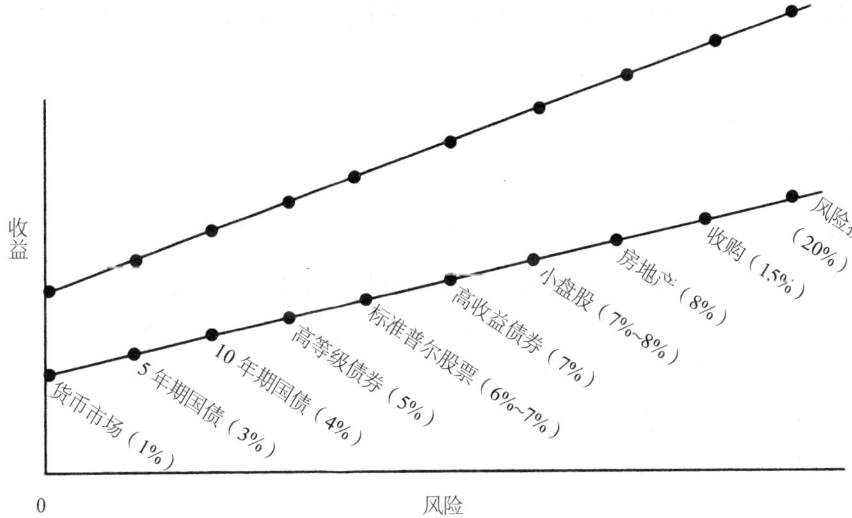

图6.2

资本市场线较低是因为以无风险利率为起点的收益率更低的缘故。尽管每项投资都必须与其他资产竞争资本，但是在这一年里，由于低利率，风险性依次递增的各项投资的门槛已经比我的投资生涯中的任何时候都低了。

乔尔·格林布拉特：这也许是在提示，当使用无风险利率评估风险较高的投资时，应该对无风险利率加以规范。

目前，资本市场线不仅表现为收益较低，而且还有许多其他因素共同导致了资本市场线趋于平坦。（这是很重要的，因为直线的斜率，即预期收益随着每单位风险的增加而提高的幅度，决定了风险溢价的量。）首先，投资者一直希望尽可能避免低风险、低收益的投资……其次，在超过20年的时间里，高风险投资一直有着丰厚的回报，尤其是在2003年。因此，比起其他风险补偿较少的投资，高风险投资或许对投资者的吸引力更高（或受到的排斥较少）……最后，今天的投资者认为风险是相当有限的……

总而言之，按照“宽客”们的话来说就是，风险规避情绪下降了。投资者的心理已经发生了某种奇妙的变化，“不管价格怎样，我都不会碰它”已经转变为“对我来说，它似乎是一项可靠的投资”。

《今日的风险与收益》，2004年10月27日

这一“富集”过程最终导致市盈率高企、信用利差收窄、投资者行为散漫、杠杆滥用以及对各种类型投资工具的强烈需求。这些结果在推高价格、减少预期收益的同时，还创造了一个高风险环境。

风险对投资者来说极为重要，同时也是短暂而不可衡量的。所有这一切都导致风险极难识别，特别是当投资者情绪高涨的时候。但风险是必须要识别的。在以下这一段写于2007年7月的文章里，我会带你了解当时我们在

橡树资本管理公司评判投资环境与“风险情绪”的过程。在不同的时间里，细节可能有所不同，但是我希望这个关于思维过程的例子能有所帮助。

我们现在处于什么状态（2007年年中）？在我看来，这个问题不难回答。我看到怀疑、恐惧和风险规避都处于较低水平。多数人通常愿意进行高风险投资，因为传统、安全的投资的承诺收益少得可怜。事实就是这样，尽管对安全投资缺乏兴趣并接受高风险投资的行为，已经导致风险–收益曲线的斜率相当平缓。风险溢价已经普遍达到迄今为止我所见过的最低水平，但是很少有人做出拒绝新增风险的反应……

近期市场随着利好因素上涨，并轻易地从利空因素的影响中得以恢复。我看到市场上很少有人们急于摆脱的资产，强制卖家寥寥无几；相反，人们对多数资产都有着强烈的需求。因此，我知道，在证券市场上定价过低是不存在的。

这就是市场的本来面目。我们一直生活在乐观时期。市场周期的钟摆一直在强有力地向上摆动。价格高涨，风险溢价降低。信任代替了怀疑，热切取代了含蓄。你是赞同还是不赞同这样的市场呢？这就是关键问题所在。先回答好这个问题，投资的含义便一目了然了。

2007年第一季度，次贷领域发生了大规模违约，这直接牵涉到大量资金损失，观者担心这一影响会向其他经济领域和市场蔓延。第二季度，影响已经达到投资次级抵押贷款组合的担保债务凭证（CDOs，一种被划分为若干“部分”的结构性投资工具）以及购买了担保债务凭证的对冲基金（包括贝尔斯登旗下的两个基金）。那些不得不清算资产的人就像以往在困难时期那样，被迫卖出他们所有能够而不是愿意卖出的东西，不仅仅是与次贷相关的不良资产。我们开始看到有关调低评级、追缴保证金的通知和大甩卖的消息，资本市场的燃动力彻底崩溃了。在过去的

> 几周里我们开始看到，在新的低评级债务债券被重新定价、推迟或取消发行，以及过桥贷款不再进行贷款重组的情况下，投资者对增长已经持有保留态度。
>
> 投资者在过去的4年半里度过了无忧无虑的幸福时光，但这并不意味着会永远这样。按照惯例，我会用沃伦·巴菲特的一句话收尾："只有当潮水退去的时候，你才会发现谁在裸泳。"盲目乐观的人请注意：永远涨潮是不可能的。
>
> 《一切都好》，2007年7月16日

需要着重指出的是，在我2007年7月的备忘录里，没有任何注解和警告对未来做了任何预测。你只需事先知道：了解当前正在发生的一切，便能窥见崩溃的端倪。

风险实现远比风险感知来得简单直接。人们过高地估计了自己认识风险的能力，过低地估计了规避风险所需的条件。因此，他们在不知不觉中接受了风险，由此促进了风险的产生。这就是为什么必须用超乎寻常的第二层次思维来思考这个问题的原因所在。

当投资者的行为改变市场时，风险就加大了。投资者哄抬资产价格，促使本应在未来出现的资产升值出现在当下，预期收益因此而降低。随着心理的强化，更加大胆而无畏的投资者不再要求充足的风险溢价。最终的讽刺性结果是，随着承担新增风险的人越来越多，承担新增风险的回报却不断缩水。

因此，市场不是一个供投资者操作的静态场所，它受投资者自身行为的控制和影响。不断提高的自信应带来更多的担忧，正像不断增加的恐惧和风险规避共同在降低风险的同时增加风险溢价一样。我将这种现象称为“风险的反常性”。

乔尔·格林布拉特：这是一个很好的说法，在市场大幅下跌后，鼓起勇气去购买低价股时要牢记它。

霍华德·马克斯：最危险的事：我很赞同“风险的反常性”这个提法。当投资者感到风险高时，他们就会试图去降低风险。但是，当投资者认为风险低时，他们就会创造出危险的条件。市场是动态的而不是静止的，它的行为表现是反直觉的。

“任何价钱我都不会买进——所有人都知道风险太大了。”在生活中我听到过很多这样的话，而它已经为我提供过最好的投资机会……

事实上，大众误解风险至少像他们误解收益一样频繁。认为某种东西过热而无法应对的共识几乎总是错的，事实通常是它的对立面。

我坚信，最大的投资风险存在于最不容易被察觉的地方，反之亦然：

- 在所有人都相信某种东西有风险的时候，他们不愿购买的意愿通常会把价格降低到完全没有风险的地步。广泛的否定意见可以使风险最小化，因为价格里所有的乐观因素都被消除了。
- 当然，正如漂亮50投资者的经历所证明的，当人人都相信某种东西没有风险的时候，价格通常会被哄抬至蕴含巨大风险的地步。没有风险担忧，因此也就不提供或不要求风险承担的回报——“风险溢价”。这可能会使受人们推崇的最佳资产成为风险最高的资产。

乔尔·格林布拉特：这一思维过程在个人投资者中间很普遍。对于很多人来说，这是他们在投资过程中存在的根本缺陷。

存在这一矛盾的原因是大多数投资者认为风险与否的决定因素是质量而不是价格。但是，高质量资产也可能是有风险的，低质量资产也可能是安全的。所谓的质量，不过是为资产所付出的价格问题……因此，狂热的公众意见不仅是潜在的低收益的源泉，还是高风险的源泉。

克里斯托弗·戴维斯：我同意——很多危险源于“质量”。首先，“高质量投资”有一种不正确的假设或暗示，并由此产生了另一种不正确的假设或暗示：进行“高质量投资”的风险更低。正如马克斯在这里一针见血地指出，“高质量”公司经常进行高价交易，以致成为糟糕的投资。其次，“高质量”这个词带有一种倾向性，包含着后见之明的偏见或“成见效应”。通常，人们提到的“高质量”公司指的是过去表现良好的公司。未来往往大不相同。许多曾经被认为是“高质量”、“基业长青”的公司早已不复存在！因此，投资者应避免使用“质量”这个词。

《人人都知道》，2007 年 4 月 26 日

第 7 章

控制风险

归根结底，投资者的工作是以营利为目的聪明地承担风险。能够出色地做到这一点，是最好的投资者与其他投资者之间的区别。

在我看来，杰出投资者之所以杰出，是因为他们拥有与创造收益的能力同样杰出的风险控制能力。

高绝对收益比高风险调整后收益的辨识度更高，更有诱惑力。这就是高收益投资者的照片出现在报纸上的原因。因为风险和风险调整后收益（即使在事后）的难以评估，又因为人们对管理风险的重要性普遍认识不足，所以投资者很少因为在这方面做得好而得到认可。在繁荣时期尤其如此。

克里斯托弗 · 戴维斯： 例如，彩票赢家——然而，却没有人认为他们是投资大师。

但是在我看来，杰出投资者是那些承担着与其赚到的收益不相称的低风险的人。他们或以低风险赚到中等收益，或以中等风险赚到高收益。承担高风险、赚到高收益不算什么——除非你能坚持很多年，在那种情况下，“高风险”要么并不是真的高风险，要么就是被管理得很好。

想想那些公认的杰出投资者，沃伦 · 巴菲特、彼得 · 林奇、比尔 · 米

勒和朱利安 · 罗伯逊，他们出色的投资记录源于他们在数十年的时间里没有大亏，而不仅仅是高收益。他们中的每个人可能都有一两年表现不佳的时候，但总的来说，他们应对风险的能力与他们赚取收益的能力一样强。

无论风险控制取得怎样的成绩，在繁荣时期是永远也表现不出来的，因为风险是隐蔽的、不可见的。风险——发生损失的可能性——是观察不到的，能观察到的是损失，而损失通常只在风险与负面事件相碰撞时才会发生。

这是非常重要的一点，我用几个类比来明确这一点吧。细菌引起疾病，但细菌本身并不是疾病，我们认为疾病是细菌入侵的结果。加州的住房是否有会在地震时引起坍塌的建筑缺陷，只有在发生地震时才能知道。

同样，损失发生在风险与逆境遭遇的时候。风险是出现问题时发生损失的可能性。只要一切运转正常，就不会发生损失。只有在环境中出现负面事件时，风险才会造成损失。

我们必须记住，有利环境只是当天（或当年）可能实现的环境之一。（这就是纳西姆 · 尼古拉斯 · 塔勒布的未然历史思想，详见第 16 章。）过去没有出现不利环境，不代表不可能出现不利环境，因此，过去没有出现不利环境不代表不需要风险控制，即使结果显示当时可以不必进行风险控制。

重要的是要意识到，即使没有发生损失，风险也有可能存在。因此，没有损失并不一定意味着投资组合是安全的。风险控制可以在繁荣时期存在，但它是观察不到的，因为得不到验证，所以风险控制是得不到认可的。只有训练有素、经验丰富的观察家才有可能在繁荣期审视投资组合，并预测它是低风险性的还是高风险性的。

为了保证投资组合撑过困难期，一般来说必须要有良好的风险控制。然而，如果投资组合在繁荣期表现良好，那么我们便无从判断风险控制是存在但不需要，还是缺乏。总而言之：风险控制在繁荣期是观察不到的，但依然是必不可少的，因为由盛转衰是轻而易举的。

那么，“做得好”的定义是什么呢？

多数观察家认为，无效市场的优势在于投资经理可以将特定风险作为基准，并在此基础上取得更好的收益率。图 7.1 就代表了这种观点，它描绘出了一位投资经理的“α”系数，即利用技术所得到的附加价值。

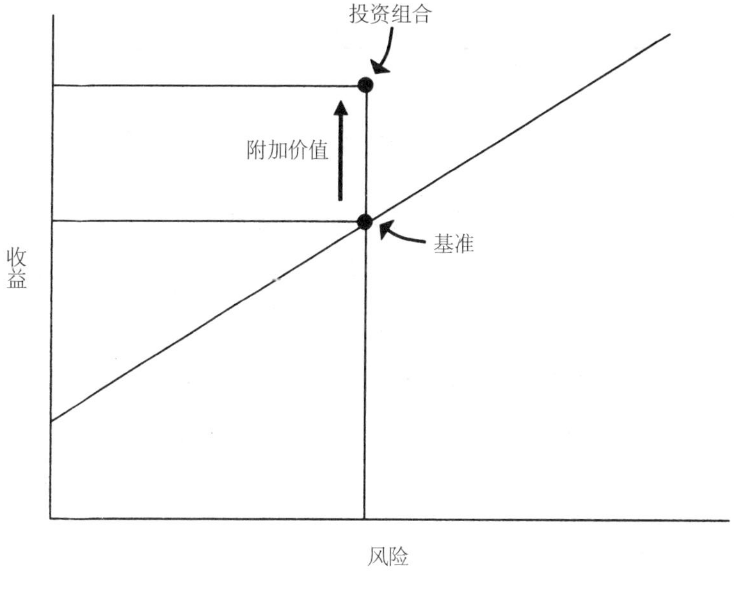

图 7.1

这位投资经理做得不错，不过我认为这只是故事的一半——在我看来不算精彩的一半。一个训练有素的投资者在无效市场中取得与基准相同的收益，同时承担更低的风险，我认为这才是了不起的成就（见图 7.2）。

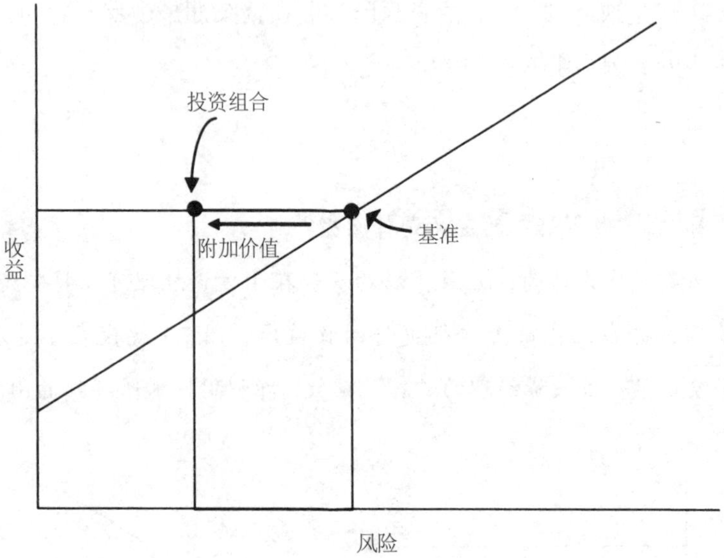

图 7.2

在这里，这位投资经理的附加价值不是通过在给定风险下获得更高的收益来实现的，而是通过在给定收益下承担更低的风险来实现的。他同样做得不错——甚至也许做得更好。

“做得好”的定义有一定的语境，取决于你怎样看待这两幅图。不过，我认为从根本上降低风险是投资取得巨大成功的基础，所以我认为这一概念应得到更多的重视。在牛市充分盈利，同时也要在熊市取得良好业绩，你觉得这种想法怎么样？在取得牛市收益的同时承担低于市场的风险……绝非易事。

《收益、绝对收益与风险》，2006 年 6 月 13 日

乔尔 · 格林布拉特：通常，这样的能力与评估经理人的投资进展有关，而不是源于分析相对于基准的收益。

现在，让我们回到尚未入侵的细菌或没有发生的地震上。优秀的建筑师能够避免建筑缺陷，而糟糕的建筑师会引入建筑缺陷。在没有地震的时候，你无法辨别其中的差异。

同样，优秀的投资者获得的收益可能并不比别人高，但在实现同等收益的前提下承担了较低风险（或以相当低的风险实现了稍低于其他人的收益）。当然，在市场平稳或上涨时，我们无从得知投资组合的风险有多大。这就是沃伦·巴菲特所观察到的，除非潮水退去，否则我们无从分辨游泳者中谁穿着衣服，谁又在裸泳。

以较低风险实现与其他风险承担者相同的收益是一项杰出的成就，但在多数情况下，这种微妙而隐性的成就只有经过复杂的判断才能被体会到。

一般来说，市场所经历的繁荣期多于衰退期。在衰退期，风险控制的价值是通过损失减少来体现的，所以风险控制的成本——表现为放弃收益——有可能看起来过高。在市场繁荣期，有风险意识的投资者必须用自己是在知道投资组合中存在风险的情况下而获利的想法来满足自己，即使风险控制是不必要的。他们就像小心翼翼的房屋业主，买下保险并为得到了适当的保护而感觉良好……即使当时没有发生火灾。

控制投资组合风险是一项非常重要而有价值的工作。然而，风险控制的成果仅仅表现在并未发生的损失上。在繁荣期进行这种“如果……将会”的推断是很难的。

保罗·约翰逊：这是风险管理的终极悖论。

承担风险而不自知，可能会铸成大错，但这正是人们在买进风靡一时、备受推崇、“绝不可能出问题”的证券时不断在重复的事。另一方面，以营利为目的聪明地接受公认的风险是最明智、最有利可图的投资的基础——即使（或许正是因为）大多数投资者将其视为危险性投机而回避。

归根结底，投资者的工作是以盈利为目的并聪明地承担风险。能够出色地做到这一点，是最好的投资者与其他投资者之间的区别。

以营利为目的并聪明地承担风险是什么意思呢？让我们以人寿保险为例。在知道人人都会死亡的前提下，美国人寿保险公司——美国最保守的公司——如何为人们的生命提供保险？

- 他们知道风险。他们知道人人都会死亡，因此在他们的算法里已将这一事实考虑在内。
- 他们能够分析风险。他们会请医生评估申请人的健康状况。
- 他们能够分散风险。他们有意识地混合了不同年龄、性别、职业、居住地的投保人，以保证自己不会遭遇罕见事件与大规模损失。
- 他们确信会为承担风险得到良好补偿。他们设定的保费能够确保他们在投保人以精算表上的平均年龄死亡时盈利。如果保险市场是无效的——举例来说，如果公司能按照假定在70岁身故的保费把保单卖给一个可能会在80岁身故的人——他们就能更好地防范风险，并在事态按照预期发展时（投保人在80岁身故）获得超额利润。

在高收益债券领域及制定橡树资本管理公司的其他投资策略时，我们就是这样做的。我们努力识别风险。考虑到我们的工作涉及到不少被某些人简单地称为“高风险”的资产，这一点是非常重要的。我们聘请训练有素的、具备分析投资与评估风险能力的专业人士。我们酌情分散投资。我们只有在确信可能的收益能远远弥补所承担的风险时才进行投资。

第7章
控制风险

多年来我一直在说，高风险资产如果足够便宜，就能成为好的投资。关键在于知道何时会出现这样的结果。很简单：以营利为目的并聪明地承担风险，长期反复成功的事实就是最好的验证。

《风险》，2006年1月19日

尽管风险控制非常重要，但风险承担本身谈不上明智与否，它是多数投资策略和投资利基必不可少的组成部分。人们在承担风险时，可能做得很好，也可能做得很差；可能时机恰当，也可能时机不当。在风险可控的情况下，如果你有足够的技术协助你获得更有利的利基，那就最好不过了。但是，潜在隐患也很多，而这些隐患是必须要避免的。

谨慎的风险控制者明白自己不知道未来。他们明白未来可能包含一些负面结果，但不知道结果会坏到什么程度，也不知道结果发生的精确概率是多少。因此，最大的难题是无从知晓"多坏算坏"，继而造成决策失误。

极端波动和极端损失极少出现。如果随着时间的推移，它们一直没有出现，那么看起来它们似乎越来越有可能永远不会出现——这一关于风险的假设太保守了。因此，放宽政策和提高杠杆就越发变得有吸引力，并且往往就在风险终于抬头的关键时刻成为现实。正如纳西姆·尼古拉斯·塔勒布在《随机漫步的傻瓜》中所写的：

现实比俄罗斯转盘残酷多了。首先，现实很少射出致命的子弹。就像一把枪膛里可以装下几百发甚至上千发而不只是6发子弹的左轮手枪，试过几十次之后，人们便忘记了子弹的存在，误以为自己很安全……其次，俄罗斯转盘这类游戏的规则非常明确，只要会6的乘除法的人都能看到风险，但人们却看不到现实生活举起的枪口……于是，人们在不知不觉中就玩起了俄罗斯转盘——只不过以“低风险”的名字称呼它而已。

2004~2007 年，金融机构玩了一场自以为是低风险游戏的高风险游戏，就是因为他们假设的损失与波动太低了。当时他们只消说：“这些东西是有潜在风险的。房价涨得太高了，抵押贷款太容易拿到了，所以房价可能会普遍下跌。所以，我们承担的风险只要达到取得过去的业绩所承担风险的一半即可。”我们也将会看到一派完全不同的景象。

“他们应该做更保守的假设”说起来容易，但是要保守到什么程度呢？你不可能在最坏情况假设的基础上某经营企业，否则你什么事都做不了。况且“最坏情况假设”的说法并不确切；除非完全损失，否则最坏情况是不存在的。现在我们知道，宽客们不应假设房价不可能出现全国性下跌。但是，在你最初假设可能出现房价下跌时，你为下跌做好了多少准备？ 2%？ 10%？ 50%？

保罗 · 约翰逊：这是评估风险时的关键问题。

2008 年的新闻头条里充斥着各种实体大规模亏损甚或倒闭的消息，因为其资产是杠杆买进的……这些投资者所承担的杠杆可能适用于中等波动的资产，但他们却将杠杆用到有史以来波动性最大的资产上面。“他们做错了”这句话说起来是容易的，但是期望他们应早早做好应对特殊事件的准备，是否合理呢？

如果每个投资组合都必须具备能力承受我们今年（2008 年）所目睹的这种程度的衰退，那么人们可能就不会采用任何杠杆了。这是一种合理的反应吗？（事实上，即使不用杠杆，可能也没有人在这些资产类别上投资。）

在生活的方方面面，我们都是基于可能发生的事件来做决定的，而可能发生的事件在很大程度上以过去经常发生的事件为基础。我们预期，结果在大多数时间里接近峰值（A），并且我们知道看到较好（B）或较坏（C）的结果并非不常见。尽管我们应牢记偶尔会出现正常范围（D）之外的结果，但我们往往会忘记离群值。重要的是，正如近期事件所表明的，我们很少考虑百年一遇或从不发生的结果（E），见图7.3。

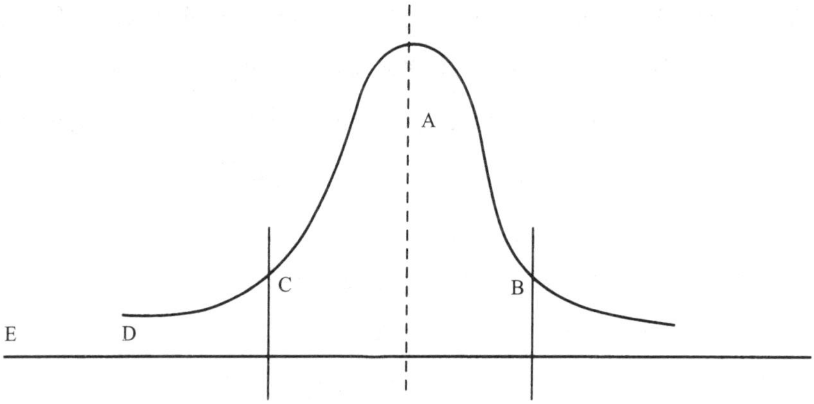

图7.3

即使意识到异常、罕见的事件有发生的可能，为了付诸行动，我们也要做出合理的决策。如果回报丰厚，我们会有接受这种风险的心理准备。"黑天鹅"事件偶有发生。但如果我们总说"不能做这，不能做那，因为结果可能会比以往任何时候都坏"，那么我们将一事无成。

所以，对于大多数事件你不能做最坏情况的准备。做好应对几十年一遇的事件的准备应该就够了。但几十年不是永远，并且会有多次超出标准的时候。这种情况下你该怎么做呢？以前我一直在苦苦思索的是，一个人到底应该为可能性不大的灾难做多少准备。而包括2007~2008年所发生的事件在内的一切都表明，答案并没有那么简单。

《波动+杠杆=炸药》，2008年12月17日鉴于本章前面介绍的风险的多变性，我要明确一下风险控制与风险规避之间的重要区别。风险控制是规避损失的最佳方法。反之，风险规避则很有可能会连同收益一起规避。有时候，我会听到关于橡树资本管理公司故意规避投资风险的议论，我非常不赞同这样的说法。

显然，橡树资本管理公司不逃避风险。在时机、形势和价格都合适的情况下，我们欢迎风险。我们能轻而易举地规避所有风险，你也能做到。但是这样一来，我们肯定会同时将高于无风险利率的收益一起规避掉。威尔·罗杰斯说过："有时你必须爬上枝头，因为果实就在那里。"在我们这一行里，没有人愿意只赚4%的收益率。

保罗·约翰逊：马克斯很清楚这其中的区别。风险控制不是风险规避，"合适的价格"是其中最重要的部分。

因此，尽管橡树资本管理公司的投资理念强调"风险控制的重要性"，但它与风险规避完全没有任何关系。

客户付给我们高薪，为的是让我们通过承担风险——特别是承担其他人极其厌恶的风险——努力为他们带来价值的增值。制定下这样的方针后，风险在我们的投资过程中的重要性是显而易见的。

德勤公司的里克·芬斯顿在一篇文章（名为"当企业风险变为个人风险时"，《企业董事》，2005年特刊）里所说的话升华了本篇备忘录的主旨："你需要感到安慰的是……风险和风险敞口是可以理解的，是可以适当管理的，是可以对所有人更加透明的……这不是风险规避，这是风险智能。"这就是橡树资本管理公司每天为之奋斗的目标。

《风险》，2006年1月19日

第7章
控制风险

贯穿长期投资成功之路的，是风险控制而不是冒进。在整个投资生涯中，大多数投资者取得的结果将更多地取决于致败投资的数量及程度，而不是制胜投资的伟大。良好的风险控制是优秀投资者的标志。

乔尔·格林布拉特：关于负收益率投资组合的计算有助于证实这一结论。（例如，某年造成的40%的亏损需要67%的收益才能完全抵补。）

第 8 章
关注周期

> 我认为，牢记万物皆有周期是至关重要的。我敢肯定的东西不多，但以下这些话千真万确：周期永远胜在最后。任何东西都不可能朝同一个方向永远发展下去。树木不会长到天上。很少有东西会归零。坚持以今天的事件推测未来是对投资者的投资活动最大的危害。

在投资界浸淫的时间越长，我对事物的基本周期就越重视。2001 年 11 月，我用了整整一篇备忘录来探讨这个话题。我借用三商美邦人寿保险公司的广告语，给备忘录起名为“你不能预测，但你可以准备”，因为我完全赞同他们的宗旨：我们永远不知道未来会发生什么，但是我们可以为可能性做好准备，减少它们所带来的痛苦。

在投资中就像在生活中一样，完全有把握的事非常少。价值可以消失，预测可能出错，环境可以改变，“有把握的事”可能失败。不过无论如何，我们有信心把握住的概念有两个：

- 法则一：多数事物都是周期性的。
- 法则二：当别人忘记法则一时，某些最大的盈亏机会就会到来。

很少有事物是直线发展的。事物有进有退，有盛有衰。有些事情可能在开始时进展得很快，然后却放慢了节奏；有些事情可能在开始时是慢慢恶化，然后突然急转直下。事物的盛衰和涨落是基本原理，经济、市场和企业同样如此：起伏不定。

世界具有周期性的根本原因是人类的参与。机械化的东西可以直线运行，时间不断向前推移，得到足够动力的机器也可以不断前进。但是历史、经济领域的进程是涉及到人的，当人参与进来的时候，结果就有了可变性和周期性。我认为其中的主要原因是，人是情绪化且善变的，缺乏稳定性和客观性。

客观因素在周期中也扮演着重要的角色，当然，我指的是量化关系、世界性事件、环境变化、技术进步和企业决策等因素，而心理学作用于这些因素，导致投资者反应过度或反应不足，并由此决定了周期性波动的幅度。

当人们对事物的发展方向满意、对未来前景乐观时，这会强烈影响到他们的行为。他们花多存少。他们借钱满足享乐或提高潜在收益，即使这样做会令他们的财务状况更不稳定（当然，像“不稳定”这一类的概念在乐观时期就会被遗忘）。他们愿意为当前价值或一部分未来付出更大的代价。

所有这一切都可能会在一秒钟之内发生逆转。我最喜欢的卡通片里的一位电视评论员说过：“昨天的一切市场利好对今天的市场没有一点儿好处。”周期的极端性主要源自人类的情绪与弱点、主观与矛盾。

> 周期是可以自我修正的，周期的逆转不一定依赖外源性事件。周期的发展趋势本身就是造成周期逆转（而不是永远向前）的原因。因此，我喜欢说的一句话是：祸兮福之所倚，福兮祸之所伏。
>
> 《你不能预测，但你可以准备》，2001 年 11 月 20 日

特别值得一提的是信贷周期，它具有必然性、极端波动性，也具有为适应它的投资者创造机会的能力。在所有的周期中，信贷周期是我最喜欢的。

> 涉足投资的时间越长，我对信贷周期的力量的印象就越深刻。只要

经济有微小的动静，就能导致信贷可得性的巨大波动，并对资产价格及其背后的整体经济造成重大影响。

过程很简单：

- 经济进入繁荣期。
- 资金提供者增多，资本基础增加。
- 坏消息极少，因此贷款风险与投资风险似乎已经减少。
- 风险规避消失。
- 金融机构开始扩大业务——确切地说，提供更多的资本。
- 金融机构通过降低必要收益（如降息）、降低信贷水平、为特定交易提供更多的资本以及放宽信贷条款来争夺市场份额。

最终，资本提供者开始为不具备资格的借款人和项目提供资本。正如早些时候《经济学人》所说的："最坏的贷款出现在最好的时候。"这一行为导致了资本损耗，即资本投资项目的资本成本超过其资本收益，最终导致没有资本收益。

保罗·约翰逊：如果没有吃过亏是很难完全理解这一洞见的。尽管在课堂上讨论这一话题时学生们频频点头以示认同，但是，当他们成为投资者和银行家的时候，毫无疑问他们会重蹈覆辙。

当达到这个点时，前面所描述的上升段——周期的上升部分——会开始出现逆转。

- 损失导致借款人畏难回避。
- 风险规避增加，伴随着利率、信贷限制与条款要求的提高。
- 可得资本减少——在周期的谷底，只有资质最好的借款人（如果有的话）才能借到资本。

- 企业迫切需要资本。借款人无法展期债务，导致债务违约及企业破产。
- 这一过程导致并加剧经济萎缩。

当然，这一过程在达到极点时将会再次发生逆转。因为贷款或投资的竞争性较弱，所以使得高收益与高信誉成为可能。为了获取高收益，逆向投资者会在这个时候投入资本，有吸引力的潜在收益开始吸引资本。这样，经济复苏得到推动。

克里斯托弗·戴维斯：你再一次得到了较高收益和较低风险。

我在前面提到过，周期具有自我修正的能力。信贷周期通过上述过程来自我修正，而信贷周期是驱动经济周期波动的因素之一。繁荣导致扩大借款，扩大借款导致轻率借款，轻率借款导致巨大损失，巨大损失导致借款人停止借款，停止借款导致繁荣结束，如此循环往复……

当下次出现危机的时候可以看看身边，你也许能找到一位贷款人。资本提供者的姑息纵容常常为金融泡沫推波助澜。近期有大量关于宽松信贷导致繁荣继而崩溃的著名例子：1989~1992 年的房地产，1994~1998 年的新兴市场，1998 年的长期资本管理公司，1999~2000 年的电影会展业，2000~2001 年的风险投资基金和电信公司。在这些例子中，贷款人和投资者提供了过多的低息贷款，结果导致信贷过度膨胀和大规模亏损。在电影《梦幻之地》中，一个声音告诉凯文·科斯特纳："你建好了，他们就会来。"在金融领域里，只要你提供低息贷款，就会有人去借、去买、去建——通常漫无纪律，并带来不良后果。

《你不能预测，但你可以准备》，2001 年 11 月 20 日保罗·约翰逊：我再次为这本书所折服，10年前的备忘录读起来就像最近才写的一样鲜活，这份备忘录就是最好的例子。马克斯用以前的备忘录十分清晰地向我们展示了，历史总是重复的，或者说，人类有重复历史的倾向。

请注意，这篇写于十几年前的备忘录精确地描述了2007~2008年的金融危机的过程。我之所以能写出这样的话，并不是因为我有预测能力——而是因为我深谙永无止境的基本周期。

乔尔·格林布拉特：了解市场具有周期性规律且最终会自我修正的道理，可以在市场暴跌后寻找低价股时保持些许乐观情绪。

周期永远不会停止。如果真有一个完全有效的市场，如果人们在决策时能够精打细算、不带个人情感，或许可以摆脱周期（至少在极端情况下可以），但真实情况永远不可能会这样。

经济会随消费者花费的多少而起落，会对经济因素或外源性事件（地缘政治事件或自然事件）做出情绪化的反应。企业会在周期上行时期待美好未来，从而扩充设备和存货；当经济转而向下时，一切都将变得不堪重负。资本提供者会在经济繁荣期过于慷慨，以低息贷款纵容信贷膨胀，当事态不妙时，他们又把缰绳收得太紧。投资者会在业绩好时高估经济，在遇到困难时低估经济。

塞思·卡拉曼：事实上，这是资本主义的基本功能。商品的过度供应导致价格下跌，利润减少。如果可能，商品供应者将停止扩张，开始紧缩。市场经济体制的反馈可以优化社会资源的使用，这是计划经济所不能实现的。

每隔10年左右，人们便会断言周期性的结束。他们认为，繁荣期会永无止境滚滚向前，或者不良趋势将得不到遏制。在这个时候，他们谈论的是“良性循环”或“恶性循环”——周期永远自发地朝着某一方向发展。

例如，1996年11月15日的《华尔街日报》报道了一个正在逐渐达成共识的观点：“从会议室到起居室，从国家机关到交易场所，一个新的共识正在形成——大而坏的商业周期已经被驯服了。”然而，在那之后的许多年里，真的出现过稳定而缺乏周期性的经济环境吗？1998年的新兴市场危机、2002年的经济衰退以及2008年的金融危机——第二次世界大战以来最严重的衰退，又该做何解释呢？

认为周期性已经结束的信念所体现的思维方式，基于一个危险的前提——“这次是不同的”。这6个字应该令任何了解过去、知道这种错误在不断重演的人心怀恐惧——或许还预示着赢利机会。因此，当出现这种形式的错误时，具有识别它的能力是至关重要的。

我最喜欢的书是一本名为《哦，真的吗？》的小册子，该书编著于1932年，内容是关于大萧条前的商界人士和政治领导人的智慧。从书中来看，即使是在当时，专家们对不受周期约束的经济的预测也从来没有停止过：

- 当前的繁荣是不会中断的。（迈伦·E·福布斯，皮雅士–雅路汽车公司总裁，1928年1月1日）

- 我不得不对“这个国家的繁荣必须而且必定会在未来减少和消退”的说法发出反对的声音。（E·H·H· 西蒙斯，纽约证券交易所总裁，1928 年 1 月 12 日）
- 我们不过处在一个将载入史册的黄金时代的起点。（欧文·T·布什，布什端子公司总裁，1928 年 11 月 15 日）
- 国家的基本事务……都建立在一个健全而繁荣的基础之上。（赫伯特·胡佛总统，1929 年 10 月 25 日）

有时候，当一个上行趋势或下行趋势持续的时间很长并（或）到达极端时，人们开始说“这次是不同的”。他们援引地缘政治、机构、技术或行为的变化，表明“旧规则”已经过时。他们做出投资决策，推断近期趋势。然而，随后的结果却证明了，旧规则仍然适用，周期重新开始。最终，树木没有长到天上，也很少有东西会归零，但大多数现象是有周期性的。

《你不能预测，但你可以准备》，2001 年 11 月 20 日

我们的结论是，在多数时间里，未来看上去与过去极为相似，既有上行周期，又有下行周期。足以证明“一切会更好”的最佳时机是存在的，那就是当市场触底、人人都以廉价抛售的时候。危险发生在市场创纪录地触及以往从未达到过的高点的时候。这种情况过去有，未来也将会再次发生。

《这次会有不同吗》，1996 年 11 月 25 日

无视周期并推算趋势是投资者所做的最危险的事情之一。人们表现得仿佛做得好的企业将永远好下去、业绩高的投资将永远高下去的样子，反之亦然。实际上，相反的行为可能更为正确。

霍华德 · 马克斯：最危险的事：在一切都运行得很顺利的时候，推算会引入巨大的风险。无论是公司的营利能力、资本注入、价格上涨或市场流动性，这些被认为可以永远增长的因素，都将不可避免地回归平均值。

有一点是可以理解的，当投资新手第一次看到这种现象的时候，他们会以为之前从未发生过的事——周期的中断——有可能就要发生了。但是当这种现象第二次、第三次出现时，这些现在已是经验丰富的投资者就应该意识到，周期是永远不会中断的，他们应该将这种认识转化为自身的优势。

下一次，当你面对一个以“周期已经中断”为基础而建立起来的交易时，记住，它永远是一个失败的赌注。

第9章

钟摆意识

当形势良好、价格高企时，投资者迫不及待地买进，把所有谨慎都抛诸脑后。随后，当周围环境一片混乱、资产廉价待沽时，他们又完全丧失了承担风险的意愿，迫不及待地卖出。永远如此。

我平生的第二份备忘录写于1991年，几乎通篇内容都和我在那些年里思考得越来越多的一个问题相关：钟摆式摆动的投资者态度与行为。

保罗·约翰逊：从本质上来说，第9章是前面三章与风险相关的扩展，为如何分析当前市场的风险程度提供了非凡的洞见。

证券市场的情绪波动类似于钟摆的运动。虽然弧线的中点最能说明钟摆的“平均”位置，但实际上钟摆停留在那里的时间非常短暂。相反，钟摆几乎始终在朝着或者背离弧线的端点摆动。但是，只要摆动到接近端点时，钟摆迟早必定会返回中点。事实上，正是朝向端点运动本身为回摆提供了动力。

投资市场遵循钟摆式摆动：

- 处于兴奋与沮丧之间。
- 处于值得庆祝的积极发展与令人困扰的消极发展之间。
- 因此，处于定价过高与定价过低之间。

> 这种摆动是投资世界最可靠的特征之一，投资者心理显示，他们花在端点上的时间似乎远比花在中点上的时间多。
>
> 《第一季度表现》，1991 年 4 月 11 日

13 年后，我在另外一篇备忘录里再次详尽地探讨了钟摆问题。我在其中提到，除了前面这些元素，在贪婪与恐惧、看待事物的乐观与悲观、对未来发展的信心与否、轻信与怀疑、风险容忍与风险规避之间，也存在着钟摆式摆动。

最后这一点——对待风险的态度上的摆动，是贯穿许多市场波动的主线。

如前所述，风险规避是理性市场中的重要组成部分，它的钟摆所处的位置尤为重要。不恰当的风险规避是市场出现过度泡沫或严重崩溃的主要原因。认为缺乏风险规避就是泡沫的必然标志有些过于简单化，但并不为过。另一方面，投资者在市场崩溃的时候会恐惧过度。即使价格已经完全反映了悲观情绪、估价已经低得离谱，过度的风险规避也会导致他们仍然不敢买进。

> 在我看来，贪婪与恐惧的循环是对待风险的态度改变所致。贪婪盛行，意味着投资者更安于风险和以获利为目的而承担风险的认知。相反，普遍恐惧则意味着对风险的高度厌恶。学者们认为投资者对待风险的态度是一成不变的，但实际上它的波动性非常大。
>
> 金融理论很大程度上建立在“投资者是风险规避的”这一假设之上。也就是说，投资者“不喜欢”风险，若要他们承担风险，必须以更高的预期收益来引诱——贿赂——他们。
>
> 从高风险投资中获得可靠的高收益是一对矛盾，但人们有时会忽视这些警告而过分安于风险，从而导致证券价格中包含的风险承担溢价不足以补偿所承担的风险。
>
> 总的来说，当投资者对风险容忍过度时，证券价格体现的是更高的风

险而不是收益。当投资者过度规避风险时，价格体现出来的收益高于风险。

《中庸之道》，2004年7月21日

保罗·约翰逊：马克斯将风险与证券价格/价值直接关联在了一起，一般的金融理论并不会这样做，但这样对于投资者的理解极为重要。

对待风险的态度是所有钟摆式摆动中最强劲的一个。事实上，我最近将投资的主要风险归结为两个：亏损的风险和错失机会的风险。大幅消除其中任何一个都是有可能的，但二者是不可能被同时消除的。理想状态下，投资者会使两者达到平衡。但当钟摆摆动到最高点时，一种风险或另一种风险一次又一次地占据上风。举例来说：

- 在2005年、2006年和2007年年初，随着一切进展顺利、资本市场洞开，很少有人预料到损失可能就在眼前。许多必然存在的风险被抛诸脑后。投资者唯一担心的是自己可能会错失机会，当华尔街推出新的金融神话，当其他投资者买了而他们没有买，再假如这个神话的确成真了，那么他们可能就会错失先机。既然没有亏损的担忧，他们也就不再看重低价买进、适当的风险溢价或投资者保护。简而言之，他们当时的表现过于积极。
- 随后的2007年年末及2008年，随着信贷危机全面爆发，人们开始担心世界金融体系将彻底崩溃。没有人再为错失机会而忧心忡忡，钟摆已经摆动到了人们只怕赔钱的位置。于是人们开始规避所有哪怕有一点点风险的证券——无论它的潜在收益如何，并转向收益率几乎为零的政府证券。因此在这个阶段，投资者表现得恐惧过甚、卖出过急，投资组合的建仓也过于保守。

塞思 · 卡拉曼：保罗 · 艾萨克称之为“无收益风险”。

保罗 · 约翰逊：二者让我们重温了投资者在 2008 年金融危机之前所犯下的许多错误。

因此，过去几年里所发生的一切为我们提供了见证钟摆式摆动……以及大众如何在错误的时间做错误的事情的清晰机会。当形势大好、价格高企时，投资者迫不及待地买进，把所有谨慎都抛诸脑后。随后，当周围环境一片混乱、资产廉价待沽时，他们又完全丧失了承担风险的意愿，迫不及待地卖出。永远如此。

在我的职业生涯初期，一位经验丰富的投资者告诉过我，牛市有三个阶段。在此与读者分享。

- 第一阶段，少数有远见的人开始相信一切会更好。
- 第二阶段，大多数投资者意识到进步的确已经发生。
- 第三阶段，人人断言一切永远会更好。

不必再浪费时间搜肠刮肚了，他已经说得非常全面了。关键是领悟其中的含义。

市场有自身的规律，由投资者的心理变化（而不是基本面改变）所致的市场评估指标的改变，是引起大多数证券的价格出现短期变化的原因。投资者心理的变化也呈钟摆式摆动。

股票在形势严峻时最便宜。沮丧的前景令投资者裹足不前，只有少数精明勇敢的便宜货猎手愿意建立新的仓位。或许他们的购买行为吸引了某些人的注意，又或许前景变得不再那么令人沮丧，无论如何，市场开始有了起色。

保罗·约翰逊：简短的描述进一步表明了马克斯关于金融危机的观点，短短几句话揭示出成功的投资所面临的挑战。对于普通投资者来说，在经济前景黯淡的情况下进行新的投资是很困难的。然而，正是这样的时刻才会带来最高的潜在收益。

随后，前景似乎变得逐渐明朗起来。人们开始意识到正在发生的进步，成为买家不再是那么难以想象的一件事。当然，随着经济与市场脱离危险，人们买进股票的价格逐渐反映出股票的公允价值。

最后，人们开始被胜利冲昏头脑。受到经济以及企业表现进步的鼓舞，人们开始踊跃地推测未来。人群激动（并且嫉妒）于早期投资者斩获的利润，迫切希望分得一杯羹。他们无视事物的周期性，断言收益将永远存在。这就是我为何喜欢“智者始而愚者终”这句古老谚语的原因。最重要的是，在大牛市的最后一个阶段，人们开始假设繁荣期将永远存在，并愿以在此基础上确立的价格买进股票。

《你不能预测，但你可以准备》，2001年11月20日

霍华德·马克斯：最危险的事：当投资者相信情况只会越来越好的时候，就进入了最危险的阶段。这样的想法毫无意义，但大多数投资者会上当。这就是泡沫产生的原因——反之则会导致崩溃。

在我初次了解牛市三阶段的35年之后，在次贷的缺陷已经暴露、人

们担心危机将会蔓延全球之后，我总结出了它的对立面——熊市的三个阶段：

- 少数善于思考的投资者意识到，尽管形势一片大好，但不可能永远称心如意。
- 大多数投资者意识到势态的恶化。
- 人人相信形势只会更糟。

毫无疑问，我们正在迈入这三个阶段中的第二阶段。到处都是坏消息和坏账冲销。越来越多的人意识到新产品、杠杆、衍生品、交易对手风险以及盯市会计准则的内在危害。无法解决的问题似乎越来越多。

总有一天我们会达到第三阶段，人们对解决问题不再抱任何希望。不过，除非金融世界真的就此结束，否则我们仍然有希望遇到千载难逢的投资机会。重大底部出现在人人都忘记潮水仍会上涨的时候。那就是我们期望的时机。

《潮退了》，2008 年 3 月 18 日

就在我写下这段话的 6 个月之后，市场已经按部就班地迈入第三阶段。人们认为世界金融体系有彻底崩溃的可能。事实上，崩溃的第一步——雷曼兄弟公司的破产，对贝尔斯登、美林银行、美国国际集团、房利美、房地美、美联银行和华盛顿互惠银行的合并或援助——已经发生了。这是有史以来最严重的危机，因此投资者比以往任何时候都认同“人人相信形势只会更糟”的第三阶段。与此同时，许多资产类别的钟摆式摆动——从 2008 年下跌到最低点投资机会出现，再到 2009 年获利——也是有史以来我见过的幅度最大的摆动。

这一阶段的意义在于，为已经认识到正在发生的事件及其影响的人提

供了机会。在钟摆的一个极端——最黑暗的极端——人们需要强大的分析力、客观性、决断力乃至想象力，才能相信一切将会更好。少数具备这些能力的人能够在极低风险的基础上获得高额利润。但在另一个极端，当人人开始推测未来、价格永远以不可思议的速度上涨时——痛苦的损失已悄然奠定了基础。

一切都是相辅相成的，任何事件都不是孤立的或偶然的。相反，它们都是一定的循环模式的组成部分，是可以掌握并从中获利的。

投资者的钟摆式摆动在性质上与第 8 章所描述的经济与市场周期的上下波动极为相似。出于某种原因，我对二者做了区分，并以不同的术语称呼它们，但事实上它们同样重要，主要的经验教训也是一样的。这得益于我在 1991 年写下第一篇关于钟摆的备忘录之后近 20 年的经验积累，我想在这里重新表述一下我对于钟摆的认识：

- 理论上，恐惧与贪婪是两个极端，多数时候钟摆应处于两极之间，但它在中点停留的时间并不长。

乔尔 · 格林布拉特：这意味着，无论是现在还是以后，市场总会创造机会。在机会较少的市场里，耐心很重要。价值机会终究会被正确地得以体现，通常不会超过一至两年。

- 投资者心理是主要因素，在它的影响下，钟摆通常处于摆向端点或从端点摆回的过程中。
- 钟摆不可能永远朝向某个端点摆动，或永远停留在端点处（尽管摆幅越接近最大时，人们越倾向于将之视为永恒状态）。

- 与钟摆类似，投资者心理朝向某个极端的摆动，最终会成为促进反方向回摆的力量。有时，积聚的能量本身就是回摆的原因——也就是说，钟摆朝向端点摆动时，会受到自身重力的修正。
- 自端点摆回的速度通常更快——因此，比朝向端点摆动的时间要短得多。（或者像我的合伙人谢尔顿·斯通常说的："气球泄气比充气快得多。"）

在多数市场现象中，类钟摆模式是明确存在的。不过，正像周期的波动一样，我们永远不会知道——

- 钟摆摆动的幅度。
- 令摆动停止并回摆的原因。
- 回摆的时机。
- 随后朝反方向摆动的幅度。

> 在牛市阶段……为了维持统治地位，环境必须具备贪婪、乐观、繁荣、自信、轻信、大胆、风险容忍和积极的特征，但是这些特质不会永远统治市场。最终，它们会让位于恐惧、悲观、谨慎、疑惑、怀疑、警惕、风险规避和保守……崩溃是繁荣的产物。我相信，把崩溃归因为过度繁荣而不是引发市场回落的特殊事件，通常来说更为合适。
>
> 《现在又如何》，2008 年 1 月 10 日

我们能够肯定的事情之一是，极端市场行为会发生逆转。相信钟摆将朝着一个方向永远摆动——或永远停留在端点的人，最终将损失惨重。了解钟摆行为的人则将受益无穷。

第10章
抵御消极影响

得到更多的渴望、担心错过的恐惧、与他人比较的倾向、群体的影响以及对胜利的期待——这些因素几乎是普遍存在的。因此，它们对大多数投资者和市场都有着深远的影响。结果就是错误——频繁的、普遍的、不断重复发生的错误。

保罗·约翰逊：这极好地描述了大多数投资者面对牛市时的压力——正如马克斯所指出的，很少有人能对此免疫。

无效性——错误定价、错误认知以及他人犯下的过错——为优异表现创造了机会。事实上，利用无效性是保持卓越的唯一方法。为使自己与他人区别开来，你应该站在与那些错误相反的一边。

为什么会产生错误？因为投资是一种人类行为，而人类是受心理和情感支配的。

克里斯托弗·戴维斯：心理与反常情绪能够影响机构投资者做出消极的决策。

许多人具有分析数据所需的才智，但是很少有人能够更加深刻地看待事物并承受巨大的心理影响。换句话说，很多人会通过分析得出相似的认知结论，但是，因为各自所受的心理影响不同，他们在这些结论的基础上所采取的行动各不相同。最大的投资错误不是来自信息因素或分析因素，而是来自心理因素。投资心理包括许多独立因素，本章将一一进行探讨，但要记住的关键一点是，这些因素往往会导致错误的决策。它们大多归属“人性”之列。

霍华德·马克斯：心理作用对投资者有着巨大的影响。大多数崩溃来自于投资者心理造成的市场波动。当这些力量推动市场至泡沫过度或崩溃时，就会为拒绝高价持有、坚持低价买进的顶尖投资者创造更高的赢利。抵制这种负面力量是有必要的。

第一种侵蚀投资者的成就的情感是对金钱的渴望，尤其是当这种渴望演变成贪婪的时候。

大多数人投资的目的就是赚钱。（有些人将投资视为一种智力训练，或将投资视为显示自身竞争力的手段，而对他们来说，金钱也是衡量成功的标准。金钱本身可能不是所有人追求的目标，但它是人们拥有的财富的计量单位。不在乎钱的人通常是不会进行投资的。）

努力赚钱并没有错。事实上，对利润的渴望是驱动市场及整体经济运转的最重要因素之一。危险产生于渴望变成贪婪的时候。对于贪婪，韦氏词典将其定义为“对财富或利润过度的或无节制的、通常应受谴责的占有欲”。

贪婪是一股极其强大的力量。它强大到可以压倒常识、风险规避、谨慎、逻辑、对过去的教训的痛苦记忆、决心、恐惧以及其他所有可能令投资者远离困境的要素。反之，贪婪时常驱使投资者加入逐利的人群，并最终付出代价。

> 贪婪与乐观相结合，令投资者一次又一次地追求低风险高收益策略，高价购进热门股票，并在价格已经过高时抱着增值期望，继续持股不放。事后人们才发现问题所在：期望是不切实际的，风险被忽略了。
>
> 《化后知后觉为先见之明（即，他们在想什么）》，2005 年 10 月 17 日

与贪婪相对应的是恐惧——我们必须考虑的第二个心理因素。在投资领域，这个词并不代表理性的、明智的风险规避。相反，恐惧就像贪婪一样，意味着过度。因此恐惧更像恐慌。恐惧是一种过度忧虑，妨碍了投资者采取本应采取的积极行动。

在我的职业生涯中，我一直惊讶于人们为何那么轻易就自愿终止怀疑。因此，我要讨论的第三个因素就是人们有容易放弃逻辑、历史和规范的倾向。这种倾向使得人们愿意接受任何能让他们致富的可疑建议……只要说得通就行。对此，查理 · 芒格引用德摩斯梯尼的一句话做了精彩的点评：“自欺欺人是最简单的，因为人总是相信他所希望的。”相信某些基本面限制因素不再起作用——因而公允价值不再重要——的信念，是每一个泡沫以及随之而来的崩溃的核心。

> 在小说中，自愿终止怀疑为我们增添了乐趣。在看《小飞侠》时，我们不想听到坐在旁边的人说“我能看到那些线”（即使我们知道线就在那儿）。虽然知道小男孩不会飞，但是我们不关心这些，我们坐在那里纯粹是为了娱乐。
>
> 但投资的目的是严肃的，容不得玩笑，我们必须持之以恒地警惕在现实中无效的东西。简而言之，在投资的过程中需要大量的怀疑……怀疑不足会导致投资损失。在事后剖析金融灾难的时候，有两句话屡次出现：“好到不像真的”和“他们在想什么”。
>
> 《化后知后觉为先见之明（即，他们在想什么）》，2005 年 10 月 17 日

是什么让投资者迷上这样的错觉呢？答案通常是，投资者往往在贪婪的驱使下，轻易地摒弃或忽略了以往的教训。用约翰·肯尼思·加尔布雷思的话来说，是“极端短暂的金融记忆”使得市场参与者意识不到这些模式的复发性与必然性：

> 当相同或者相似的情况再次发生时（有时仅仅相隔几年），通常会被年轻的、永远超级自信的新一代当作金融领域以及更广阔的经济领域的创新发现而受到追捧。在人类的活动领域内，历史的作用可能很少像在金融领域内这样无足轻重。既往经验作为记忆的一部分，被斥为缺乏敏锐洞察力、认识不到当前令人难以置信的奇迹的人们的原始避难所而遭到摒弃。（约翰·肯尼思·加尔布雷思，《金融狂潮简史》，纽约：维京出版社，1990）

乔尔·格林布拉特：我犯过的许多错误都是以前犯过的同样的错误——它们每次看起来都略有不同，其实只是同样的错误改头换面而已。

对于人们逐渐深信不疑的、能够带来无风险高回报的、万无一失的投资——必然的成功或免费的午餐——很有进一步探讨的必要。

> 当市场、个体或一种投资技术获得短期高额收益时，它通常会吸引人们的过度（盲目）崇拜。我将这种获得高额收益的方法称为“银弹”。
>
> 投资者永远在寻找银弹，称其为“圣杯”或“免费的午餐”。人人都想要一张无风险致富的门票。很少有人质疑它是否存在，或者为什么他们应该得到。无论如何，希望永远在滋生。

然而银弹并不存在，没有任何策略能够带来无风险的高收益率。没有人知道所有答案，我们只是人而已。市场是不断变化的，并且就像许多其他的事物一样，获得意外利润的机会是随着时间的推移而衰减的。相信银弹存在的信仰终会导致灭亡。

《现实主义者的信条》，2002年5月31日

乔尔 · 格林布拉特：记住，如果理论（像谣言一样）缺乏这一事实基础，一开始就不会有人相信它们。

是什么促成了银弹信仰呢？最初，通常存在一定的事实基础，这一事实被发展成冠冕堂皇的理论，信徒们开始四处游说。随后，这一理论带来了短期利润，无论是因为理论本身确有一定价值，还是仅仅因为新信徒的购买行为推高了目标资产的价格。最后会出现两种表象：第一，存在一种获得必然财富的方法；第二，方法的效力引发狂热。就像沃伦 · 巴菲特于2010年6月2日在国会上所说的那样："居高不下的价格就像是一剂麻醉剂，影响着上上下下的推理能力。"但在事后——爆发之后——这种狂热被称为泡沫。

第四个造成投资者的错误的心理因素是从众（即使群体共识存在显而易见的荒谬）而不是坚持已见的倾向。在《市场是怎么失败的》一书中，约翰 · 卡西迪描述了斯沃斯莫尔学院的所罗门 · 阿希教授在20世纪50年代所做的经典心理实验。阿希请被测试组对看到的情况做出判断，但是在每组中只有一个人是被测试对象，其他人都是托儿。卡西迪解释说："这样的设置将真正的被测试对象置于两难境地，正如阿希所说，'我们对他施加了两种相反的力量——他自己的感觉，以及同组人一致的群体意见。'"

真正的受测对象忽略自身所见与同组人保持一致的比率很高，即使其他人明显是错误的。这个实验显示了群体的影响力，它启发我们，应该对群体

共识的正确性持保留态度。

“就像所罗门 · 阿希的视觉实验中的参与者一样，”卡西迪写道，“许多不赞同市场共识的人会感觉受到了排斥。最终，真正疯狂的是那些不懂市场的人。”

从众的压力和赚钱的欲望一次又一次地致使人们放弃了自己的独立性和怀疑精神，将与生俱来的风险规避抛诸脑后，转而去相信毫无意义的东西。这种情况发生得非常频繁，因此一定是某些固有因素而不是随机因素在起作用。

第五个心理影响是嫉妒。无论贪婪的负面力量有多大，它还有激励人们积极进取的一面，与之相比，与别人相比较的负面影响更胜一筹。这就是我们所谓的人的天性里危害最大的一个方面。

一个在孤立环境下感觉快乐的人，当他看到别人做得更好时，可能会变得痛苦不堪。在投资领域中，投资者大多难以坐视别人赚钱比自己多这一事实。

霍华德 · 马克斯：情绪与自负：许多投资的驱动因素是具有可比较性的。如果别人做得更好，高收益也不会令人满意，而如果别人做得更坏，低收益往往就能使人知足。这种比较的倾向是最有害的，强调相对收益而不是绝对收益体现了心理对投资过程的扭曲。

我知道这样一家非营利机构，它从 1994 年 6 月到 1999 年 6 月的捐赠基金年收益率是 16%，但是同行 23%的年均收益令投资者沮丧不已。

塞思 · 卡拉曼：即使是最好的投资者都会以收益来评判自己。用风险来进行评判很难，因为风险无法衡量。显然，这个捐赠基金的投资经理们善于利用风险规避，不过他们对于获得的相对收益却很失望，尽管从他们在接下来三年的表现来看，他们的风险调整后业绩可能相当不错。这突出了在短期业绩被认为不佳的情况下，投资者保持长期信念的不易。

没有任何成长股、科技股、收购以及风险投资的捐赠基金在5年的时间里发展滞后。而随着科技股崩盘，从2000年6月到2003年6月，这家机构只有3%的年收益率（同期的捐赠基金大多出现亏损），股东们反而兴高采烈起来。

这样的结果肯定有问题。人们怎么可能因为每年赚16%而不开心，赚3%反倒高兴呢？答案是我们都有与别人进行比较的倾向，这种倾向会对本为建设性、分析性的投资过程产生不利影响。

乔尔 · 格林布拉特：这一点极为重要。大多数机构投资者和个人投资者会比较他们的收益，因此大多以从众而告终：搞错重点了。

第六个关键影响因素是自负。在下列事实面前保持客观和审慎具有极大的挑战性：

- 进行短期投资业绩的评价和比较。
- 在繁荣期，轻率甚至错误地承担更大风险的决策往往能够带来最好的收益（我们在大部分时间里都处于繁荣期）。
- 最好的收益带来最大的自我满足。如果事情确实如愿发展，那么自认聪明并得到别人的认可是一件很开心的事。

霍华德·马克斯：情绪与自负：投资（特别是糟糕的投资）是一个满是自负的世界。由于风险承担在上升的市场中能够获得回报，自负能够令投资者采取积极的行动，以期通过高企的业绩彰显自己。但是据我所知，最好的投资者寻求的都是最好的风险调整后收益……而不是名声。在我看来，成功投资之路往往以谦卑而不是自负为特征。

相比之下，善于思索的投资者会默默无闻地辛勤工作，在好年份里赚取稳定的收益，在坏年份里承担更低的损失。他们避开高风险行为，因为他们非常清楚自己的不足并经常自省。在我看来，这是创造长期财富的最佳准则——但是，在短期内不会带来太多的自我满足。谦卑、审慎和风险控制路线并不那么光鲜亮丽。当然，投资本不应与魅力搭边，但它往往是一种富有魅力的艺术。

最后，我要探讨一种我称之为妥协的现象，一种通常出现在周期后期的投资行为特征。投资者会尽他们的最大努力坚持自己的信念，但当经济和心理压力变得无法抗拒时，他们会放弃并跟风。

一般来说，踏入投资业的人都聪明过人、学识丰富、见多识广并精于计算。他们精通商业和经济的微妙之处，也了解复杂的理论。多数投资者都能够得到关于价值和前景的合理结论。

但是，还有心理因素和群体影响的介入。在大多数时间里，资产被估价过高并持续增值，或者被估价过低并持续贬值。最终，这种倾向会对投资者的心理、信念和决心造成不利影响。你舍弃的股票别人却因此获利，而你买进的股票在日益贬值，你认为危险或者愚蠢的概念——热门新股、无收益的高价科技股、高杠杆的抵押贷款衍生品——日复一日地被宣扬和传播。

随着定价过高的股票走势更好，或者定价过低的股票持续下跌，正确的做法变得更加简单：卖掉前者，买进后者。但是，人们不会这样做。自我怀疑的倾向与别人成功的传闻混杂在一起，形成了一股使投资者做出错误决定的强大力量，当这种倾向的持续时间增长时，其力度也会增大。这是另外一种我们必须对抗的力量。

霍华德·马克斯：害怕看错：资产定价过高是由于投资者过高估计并推高资产价值的行为所致。这一过程会一直持续下去，直到价格涨到“恰当”水平或者当你感觉定价过高将它卖出。通常列车会继续向前冲出很远，最初的价格判断看起来更像是错误的而不是正确的。这可以理解，但是难以忍受。

得到更多的渴望、担心错过的恐惧、与他人比较的倾向、群体的影响以及对胜利的期待——这些因素几乎是普遍存在的。因此，它们对大多数投资者和市场都有着深远的影响。结果就是错误——频繁的、普遍的、不断重复发生的错误。

霍华德·马克斯：情绪与自负：大多数导致泡沫或崩溃的波动都以事实为基础，通常还有合理的分析……至少在最初是这样的。但是，心理因素导致结论中含有错误的因素，而市场在实践结论的道路上走得太远。巨大的市场亏损源于心理偏差而不是分析失误。

这么多并且可能不适用于你的理论是否对你有所触动呢？我真心希望你

是对的。我的结论是，理性者有可能屈服于情感的破坏性力量。为了打消你对这句话的疑虑，让我提醒你四个字：科技泡沫。之前我提到过在投资者无视价值与价格之间合理关系的疯狂时期都发生了什么。是什么令投资者放弃了常识？是我们一直在这里谈论的某些情感：贪婪、恐惧、自欺、自负，让我们回顾一下当时的情况，看一看心理在其中是如何起作用的。

20 世纪 90 年代是股市的全盛期。当然也有表现不好的日子或月份，以及像 1994 年大幅加息这样的打击，但是标准普尔 500 股票指数从 1991 年到 1999 年（包括 1991 年和 1999 年）每年都有盈利，年平均收益率高达 20.8%。这样的结果足以让投资者产生乐观情绪，欣然看涨。

在最初几年里，成长股的表现比价值股略好——可能是已经在 80 年代取得良好业绩的价值股冲高回落所致——同样提升了投资者高度重视公司成长潜力的意愿。

投资者为技术创新着迷。宽带、互联网和电子商务的发展似乎有改变世界的可能，科技企业家和电信企业家受到追捧。

科技股上涨，吸引更多人买进，股价继而进一步上涨，像往常一样表现为不可阻挡的良性循环进程。

在多数牛市中，貌似合乎逻辑的理论都或多或少起着一定的作用，以下理论也不例外：因为公司表现好，所以科技股的表现将胜过其他股票。更多的科技股将被纳入股指中，它们在经济中的重要性将不断提高。指数基金和模仿指数的隐蔽型指数基金将买入更多的科技股，积极投资者也将跟进。更多的人会制订 401（k）养老计划，所以 401（k）投资者将会提高投资组合中股票的比重，以及科技股在股票中的比重。因此，科技股必须上涨，而且上涨速度必须超过其他股票，只有这样才会继续吸引更多人来购买。所有现象都是短期内实际发生了的事实，助长了人们对这一理论的轻信。

IPO（首次公开募股）的科技股在发行首日就上涨数十甚至于数百个百

分点，十足一副必胜者的姿态。寻求IPO成为一股普遍的狂热。

从心理学的角度来讲，IPO时发生的一切特别具有蛊惑性。大致情形如下：办公室里坐你隔壁的家伙告诉你，他在买一个IPO。你问他，这个公司是干什么的。他说他不知道，但是他的经纪人告诉他发行首日股价会翻番。你说这很荒谬。一星期后他告诉你，他的股票没有翻番……而是变成了原来的三倍，但他仍然不知道这个公司是干什么的。几次之后，这个过程开始变得令人难以抗拒。你知道这毫无道理可言，但是你不想继续让人感觉你像个傻子似的。典型的妥协表现是，接下来在某公司IPO时，你买进了几百股……并且因为你这样的新买家的买入行为，这把火有越烧越旺的势头。

投资了成功的创业企业的风险投资基金吸引了高度关注和大量资金。谷歌上市那年，为它提供种子资金的风投基金上涨了350%。

科技股投资者的智慧得到了媒体的盛赞。受经验和怀疑的限制最少的人——因而也是赚钱最多的人——大多30岁出头，甚至有的才20多岁。从来没有人指出，他们的成功也许只不过是受益于非理性市场，而不是因为他们绝顶聪明。

还记得我前面关于所有的泡沫都始于一点儿事实的见解吗？在这个例子中，科技的巨大潜力就是事实的种子，随之而来的看涨理论为之添加了肥料，正在并且看似永不停息的价格上涨则进一步推波助澜。

> 当然，所有对科技、电子商务和电信股票的狂热追捧，都源自这类公司改变世界的潜力。我丝毫不怀疑这些进步正在彻底改变着我们所知的生活，也丝毫不怀疑它们将会使世界截然不同——哪怕仅仅是与几年前相比。挑战在于指出它们中的哪一个是制胜投资，以及它们现在的实际价值如何……
>
> 现在说科技、互联网和电信即将盛极而衰好比螳臂当车，但我必

须告诉你的是，它们已经从巨大的繁荣中受益，应抱着怀疑的态度审视它们。

《BUBBLE.COM》，2000 年 1 月 3 日

在写下 2000 年 1 月的备忘录之后不久，不堪重负的科技股甚至在没有任何引发下跌的外部事件的情况下开始崩溃。股价过高亟须调整的事实忽然之间明朗起来。每当投资热过气的时候，《华尔街日报》就会用一张表格来显示由此造成的损失，典型股票通常会跌 90%或更多。在科技泡沫破灭的时候，表格上显示的损失在 99%以上。自大萧条后，综合股价指数首次遭遇为期三年的衰退，而科技股——以及整体股票市场——看上去不再有任何特别之处。

回顾过去的 10 年，我们看到，科技发展的确已经改变了世界。成功企业有着巨大的价值，报纸和CD等行业受到了深远影响。但同样显而易见的是，投资者在泡沫中往往置常识而不顾，他们忽略了很多事实：并不是所有的公司都会成功，股市会有漫长的震荡过程，提供免费服务难以盈利，以高市售率（因为没有利润，所以不能用市盈率）定价的亏损公司的股票有着巨大的风险。

乔尔 · 格林布拉特：我想起了巴菲特关于航空业经济的金句。航空业是一项伟大而有价值的创举，但并不意味着它就是一项好生意。巴菲特说过，一个真正的资本家会在威尔伯降落于基蒂霍克时，就为航空业的资本破坏史写下一笔。

贪婪、兴奋、不理性、丧失怀疑以及忽视价值，令人们在科技泡沫中损失惨重。此外，它还使许多聪明过人、训练有素的价值投资者在泡沫破裂前

看起来愚蠢不堪（当然，泡沫最终还是破裂了）。

霍华德·马克斯：最危险的事：乐观的感觉——有时被称为“非理性的动物精神”——是过高估计资产价值的主要原因。训练有素的价值投资者在一开始看起来像是悲观主义者、爱抱怨、食古不化……最后，事实证明他们才是能够规避损失的少数人。

避免在泡沫中赔钱的关键是，当贪婪和人为错误导致积极因素被高估、消极因素被忽视时，拒绝跟风。做到这一点并不容易，因此弃权的人并不多。同理，对于在暴跌中恐惧过度的投资者来说，关键是避免卖出——也许更恰当的做法是买进。（这一点提醒了我。需要指出的是，泡沫可以自行产生，不一定是崩溃的必然结果，但崩溃一定是泡沫的必然结果。）

对于大多数人来说，在科技泡沫时期，抵制买进的诱惑很难；在信贷危机全面爆发时，抵制卖出的欲望更难——此时买进的难度还要更胜一筹。在牛市中没有买进的最坏结果不过是你看起来有些落后并且要付出机会成本。但在2008年大崩溃时没有卖出的后果则是无尽的损失，世界末日仿佛真的有可能降临。

霍华德·马克斯：情绪与自负：拒绝加入从众犯错的队伍——就像是在投资领域的其他方面那样——需要控制好情绪和自负。这是最困难的事，但其带来的回报却十分可观。仅凭精通投资中的人性之道并不足以获得成功，一旦能与熟练的分析结合起来，则会得到丰厚的收益。

那么，投资者究竟要如何对待这些促使他们做出愚蠢投资的心理冲动呢？首先，认识它们，这是我们获得克服它们的勇气的第一步。其次，要认清现实。认为自己对本章中所描述的影响因素免疫的投资者会将自己置于危险境地。如果这些因素对别人的影响足够大到改变整个市场，凭什么它们不会影响你？如果一个牛市强大到可以令成年人无视过高的估价甚至承认永动机的可能性，凭什么它不会对你产生同样的影响？如果一个无限损失的故事恐怖到令别人廉价抛售，又有什么能阻止它不令你做同样的事情？

相信我，在别人都在买进、专家态度乐观、上涨理由充分、价格不断飙升、承担最高风险的人不断获得巨额收益的鼎盛期，抵制买进是很难的（卖出更难）。相反，在股市跌入谷底、持股或买进似乎会带来全盘损失的时候，抵制卖出也是很难的（买进更难）。

霍华德·马克斯：害怕看错：记住，你并不会因为闭塞而犯错。资产会因为他人的行为而难以掌控。你或许会有一段时间看起来是错误的，而群体成员似乎（或感觉）是正确的。将自己与他人进行过多的比较是一种侵蚀意志的过程——虽然这是天性使然——而且，这也会给你施加过多的压力。

与本书中描述的其他事情一样，简单的解决方案是不存在的：没有告诉你市场已经摆向非理性极端的公式，没有保证你永远做出正确决策的完美工具，也没有保护你不受消极情绪影响的魔法药丸。正如查理·芒格说的："没那么简单。"

那你该用什么样的武器来提高自己的胜算呢？以下是在橡树资本管理公司中行之有效的方法：

- 对内在价值有坚定的认识。

乔尔·格林布拉特：没有这一点，一个投资者便无以立足。内在意义的重要价值在于，它是可以抵挡心理因素对行为造成的影响的唯一方法。那些未能评估公司或安全水平的投资者不会拥有成功的商业投资或前景（除非是走运）。这听起来很简单，但是大多数的投资者都会欠缺。

- 当价格偏离价值时，坚持做该做的事。
- 足够了解以往的周期——先从阅读和与经验丰富的投资者交谈开始，之后通过经验积累——从而了解市场过度膨胀或过度萎缩最终得到的是惩罚而不是奖励。
- 透彻理解市场对极端市场投资过程的潜在影响。
- 一定要记住，当事情看起来“好得不像是真的”时，它们通常不是真的。
- 当市场错误估价的程度越来越深（始终如此）以致自己貌似犯错的时候，愿意承受这样的结果。
- 与志趣相投的朋友或同事相互支持。

这些方法并不一定奏效，但它们能够赋予你可以一搏的机会。

第 11 章

逆向投资

在别人沮丧地抛售时买进、在别人兴奋地买进时抛售都需要最大的勇气，但它能带来最大的收益。

约翰 · 邓普顿爵士

我只能用一个词来描述大多数投资者——趋势跟踪者，而杰出投资者恰恰相反。希望到目前为止我已经令你相信，卓越投资需要第二层次思维——一种不同于常人的更复杂、更具洞察力的思维方式。从定义上来看，大多数投资者不具备这种思维能力，因此成功的关键不可能是群体的判断。某种程度上来说，趋势、群体共识是阻碍成功的因素，雷同的投资组合是我们需要避开的。由于市场的钟摆式摆动或市场的周期性，所以取得最终胜利的关键在于逆向投资。

沃伦 · 巴菲特的建议之精髓是："别人对自己的事务越不慎重，我们对自己的事务则越应慎重。"他鼓励我们采取和别人相反的行动：做逆向投资者。

保罗 · 约翰逊：逆向投资是成功的价值投资者所具备的重要技能。然而，我发现经验是培养这种技能的最重要因素。逆向投资是教学中的一个挑战。

与其他人做同样的事情会将你置于波动状态之下，这种波动有时会因他人及你自身行为的影响而过度。跟着人群蜂拥逃离悬崖当然是不可取的，但是我们需要极好的技巧、洞察力以及纪律才能避免这种情况的发生。

《现实主义者的信条》，2002 年 5 月 31 日

群体错误的逻辑性是明确的，甚至几乎是可以测算的：

- 市场会发生剧烈的摆动，从牛市到熊市，从估价过高到估价过低。
- 市场走势受群体（人群或大多数人）行为的驱动。牛市出现于更多的人想成为买家而不是卖家，或买家比卖家更为活跃的时候。随着人们从卖家转变为买家，或买家活跃度的进一步提高、卖家活跃度的进一步降低，市场开始上涨（买家不占据主导地位，市场就不会上涨）。

保罗 · 约翰逊：这是一种关键的洞悉力，能够使得逆向投资对投资者自己有利。

- 市场极端代表着拐点，出现于牛市或熊市达到巅峰时。比方说，当最后一个希望成为买家的人成为买家的时候，市场就会到顶。既然在到顶时，所有买家都已经加入到了看涨群体中，那么牛市就不会进一步上涨，市场也已高到了它能够达到的极限。此时买进或持有都很危险。
- 因为再也没有看涨的人，市场停止了上涨。如果次日有一个人从买家转变成卖家，那么市场就会下跌。
- 因此，在达到由群体的信念所创造出来的市场极端时，大多数人都是错的。

• 因此，投资成功的关键在于逆势而行：不从众。那些意识到他人错误的人可以通过逆向投资而获利丰厚。

我们常常看到狂热的买家或恐慌的卖家，匆忙地买进或急迫地卖出，过热的市场或冰冷的市场，高得过分的价格或低得离谱的价格。可想而知，市场和投资者的态度与行为只在中点停留很短的时间。

这对我们的行为有何影响？从众并在周期处于极端的时候加入到市场中，显然对你的金融状况极为不利。市场的高点产生于狂热的买家占据上风、价格被推到难以超越的高度的时候。市场的低点出现于恐慌的卖家占据上风、急于以过后看来严重偏低的价格抛售资产的时候。

“低买高卖”是一句古老的名言，但是被卷入市场周期中的投资者却常常反其道而行之。正确的做法应该是逆向投资：在人们冷落时买入，在人们追捧时卖出。“千载难逢”的市场极端情况似乎每隔10年左右便会出现一次——这还不够频繁，以至于投资者很难以利用市场极端获利为业。但是，尝试这样去做应该是所有投资方法的重要组成部分。

乔尔·格林布拉特：我热衷于这个想法。市场出现极端情况（或者是更准确的说法——机遇）的可能性会大于合理情况。你绝不会在这些情况中发生触底或触顶，而它们则是痛苦和困难的源头。

不要认为这很简单。当价格显著偏离内在价值时，你需要有感知的能力。你必须有足够的意愿去挑战传统智慧，抵制市场永远有效因而永远正确的神话。你需要为这种果断行为打下经验基础，你必须得到拥护者的理解和支持。期待胜利却没有足够的时间安然度过极端期的你将会成为最典型的市场受害者：一个6英尺高的人淹死在平均5英尺深的小河里。但是，如果你对市场的钟摆式摆动保持警惕，你就有可能认出那些偶尔出现的机会。

《中庸之道》，2004 年 7 月 21 日

乔尔 · 格林布拉特：巴菲特和马克斯有一个伟大的观点。从长期看来，市场会自动走向正确。但是，在看到长期之前，你必须得在短期内幸免于难。

接受逆向投资概念是一回事，把它应用到实际中则是另一回事。首先，我们永远不知道市场的钟摆能摆多远，也不知道它在发生逆转的时候会向反方向摆多远。

其次，我们可以肯定的是，一旦市场达到极端，它最终会摆回（或超过）中点。认为市场会沿着同一方向永远摆动或者到达端点时便会停留在那里的投资者必定会失望。

最后，由于影响市场的各种因素的易变性，没有任何工具（包括逆向投资）是完全靠得住的。

- 逆向投资并不是一种让你永远稳赚不赔的方法。在大多数情况下，没有值得下注的过度市场。

乔尔 · 格林布拉特：我是这样来看待它的：虽然没有人能够穿越高速公路上的迈克卡车车流，但这并不表示你不能够这样做。

- 即使市场过度发展，记住，“估价过高”与“明天就会跌” 是截然不同的。
- 市场可以被高估，也可以被低估，并且能够将这种状态维持一段时间甚至若干年。
- 不利走势会令人非常痛苦。
- 有“人人”都得出“大众是错误的”这一结论的时候。我的意思是，逆向投资本身会变得过于热门，从而有可能会被误以为是群体行为。

塞思 · 卡拉曼：在这里，牢记格雷厄姆与多德的教诲是十分重要的。如果你试图在市场中寻找一份报告，而持有的股票每天都在下跌会让你有一种挫败感。但是，如果你对投资尚存兴趣，那么你会感觉自己是在以较大的折扣购买被低估的资产。也许，你只需保持积极的心态。这正是沃伦 · 巴菲特对 1973~1974 年熊市期间关于抄底的论述。

- 最后，仅仅做与大众相反的投资是不够的。考虑到刚刚提到的逆向投资的各种困难，你必须在推理和分析的基础上，辨别如何脱离群体思维才能获利。你必须保证自己在进行逆向投资的时候，不仅知道它们与大众的做法相反，还知道大众错在哪里。只有这样你才能坚持自己的观点，在立场貌似错误或损失远高于收益的时候，才有买进更多的可能。

戴维 · 史文森是耶鲁大学捐赠基金的管理人。耶鲁的投资表现一直相当出色，这与过去 20 多年里史文森对捐赠基金投资的杰出影响是分不开的。自 20 世纪 80 年代执掌耶鲁大学捐赠基金起，他极不寻常的思维方式逐渐成为捐赠基金的业内准则。他对逆向投资的困难有着精彩的阐述。

> 投资成功需要坚定的立场，即使它因为与群体共识存在分歧而令人不安。轻率的承诺将招致失败，会将投资组合经理暴露于高买低卖的双重危险之下。投资者只有具备来自强健决策程序的果断决策的自信，才能卖出过度投机的股票，买进估价过低的股票。
>
> ……积极管理策略需要传统机构采取非传统的做法，这是一种很少有人能够解释清楚的悖论。建立并维持非传统的投资组合需要有接受令人不安的特殊投资组合的能力，即使它在传统智慧眼中往往显得轻率透顶。
>
> 《投资组合的创新管理》，2000

保罗 · 约翰逊：这就是听从马克斯的建议后，所能获得的丰厚回报。

最终获利最高的投资行为，是我们所定义的逆向投资：在所有人卖出时买进（因而价格很低），或者在所有人买进时卖出（因而价格很高）。正如史文森所说，这种行为是孤独并且令人不安的。怎么知道它的对立面——大众行为——是令人安心的呢？因为大多数人都在那样做。

霍华德 · 马克斯：害怕看错：在这里有一些特定的形容词——非制度化的、特殊的、轻率的、一意孤行的、不适的，它们为挑战是如何巩固非共识看法提供了注解。但是，只要能够获得优异的表现，这样做是绝对有必要的。

第11章

逆向投资

我发现投资最有趣的一件事是它的矛盾性：最显而易见、人人赞同的事，最终往往被证明是错误的。

我不是说公认的投资智慧无效。现实更加简单、更加系统化：多数人并不了解产生巨大收益潜力的投资进程。

显而易见的投资者共识几乎总是错的……投资背后群体意识的凝聚，往往会消弭其潜在的利润……比如，一项“人人”都认为很好的投资。在我看来，单从定义来讲，它就不可能是这样的。

乔尔·格林布拉特：这非常简单，而且十分睿智。

- 如果人人都喜欢它，可能是因为它一直表现良好。多数人倾向于认为，迄今为止的优异表现能够预示未来的优异表现。事实上，迄今为止的优异表现往往是因为借用了未来的概念，因此它预示着较差的未来表现。
- 如果人人都喜欢它，那么很有可能价格已经高到受人追捧的水平，增值空间可能相对较小。（当然，从“估价过高”到“估价更高”是有可能的，但我并不指望这种情况会发生。）
- 如果人人都喜欢它，那么很有可能这一领域已经被彻底发掘过——资金流入已经过多——便宜货也所剩无几了。
- 如果人人都喜欢它，一旦群体心理改变并寻求离场，就会面临价格下跌的显著风险。

杰出投资者能够识别并买进价格低于实际价值的股票。只有当多数人看不到投资价值的时候，价格才会低于价值。约吉·贝拉有一句名言："没有人愿意再光顾那家餐馆了，因为它太挤了。"这就像是在说"人人都意识到那是一只特价股"一样毫无意义。如果人人都意识到这一点，他们就会买进，在这种情况下，价格就不再低廉……买进人人喜欢的股票不会赚大钱，买进被大众低估的股票才会赚大钱……

简而言之，杰出投资有两个基本要素：

- 看到别人没有看到或不重视的品质（并且没有反映在价格上）。
- 将这种品质转化为现实（或至少被市场接受）。

通过第一点应明确的是，杰出投资的进程始于投资者的深刻洞察、标新立异、特立独行或早期投资。这就是为何成功投资者大多都很寂寞的原因。

《人人都知道》，2007 年 4 月 26 日

2007~2008 年的全球信贷危机是我见到过的最大的崩溃。要从中学习的教训很多，因此我在不止一章中对它进行了多方位的探讨。对我来说，这个教训让我有了新的理解：怀疑论也需要逆向思维。我不是一个经常顿悟的人，但是在怀疑论这个问题上，我确有所悟。

在每一次泡沫破裂的时候，牛市崩溃，银弹失效，人们为自己的错误扼腕叹息。怀疑论者清醒地意识到了这一点，他们试图提前识别假象，避免同大多数人一样被假象蒙蔽。因此，投资怀疑论者通常是抗拒投资热潮、牛市狂热和庞氏骗局的一群人。

我的顿悟产生于 2008 年 10 月中旬，全球信贷危机接近最低点的时候。那个时候，我们正在耳闻目睹着以前不敢想象的事情：

- 雷曼兄弟公司、贝尔斯登公司、房地美、房利美以及美国国际集团的破产和接受紧急援助。
- 公众对高盛集团及摩根士丹利公司的生存能力十分担忧，以及股价的大幅下跌。

- 美国国债信用违约掉期保费的持续上涨。
- 极度风险规避造成的短期国债利率接近零点。
- 我想，这是人们第一次意识到，美国政府的财政资源是有限的，政府印刷钞票和解决问题的能力也是有限的。

在雷曼兄弟公司破产后，显而易见的是……形势正在不断恶化，没有人知道这种情况会在什么时候以什么样的方式结束。真正的问题在于：人们相信任何消极的情况，所有包含乐观因素的情况都被当作盲目乐观被摒弃了。

当然，这其中有一点是对的：一切皆有可能。但是在应对未来时，我们必须考虑两件事：第一，可能发生的事件；第二，实际发生的概率。

危机期间，许多不好的事情看起来都有可能发生，但并不意味着它们一定会发生。身处危机期间的人们无法将两者区分开来……

40 年来，我见证了投资者的心理在躁狂—抑郁之间的疯狂摆动：除了常说的恐惧与贪婪，还有乐观与悲观、轻信与怀疑。总而言之，从众——并随着钟摆而摆动——只会带给你长期平均表现，并让你在极端市场下一败涂地。

乔尔 · 格林布拉特：投资者的情绪在 2008 年 10 月时表现得极为突出。股价出人意料的低，股票被寄予希望将会强势反弹。事实是，在接下来的两年里反弹势头的确极为强劲。然而，在股市出现好转前，股价先是比 2008 年时还下跌了 20 个百分点（发生在 2009 年 3 月）。

如果你相信别人都相信的故事，你就会和他们做同样的事。通常你会高买低卖。你会爱上无风险高收益的“银弹”神话。你会买进表现良好的股票，卖出表现不佳的股票。你会在崩溃期遭受损失，在恢复期错失机会。换句话说，你会成为一个循规蹈矩而不是标新立异的人，一个趋势追随者而不是逆向投资者。

怀疑态度是深入了解资产负债表、了解最新财务工程奇迹或那些不容错过的故事的必要条件……只有怀疑论者才能分得清听起来不错、实际也不错，以及听起来不错、实则糟糕的东西。我所熟知的最优秀的投资者身上都体现了这一特质。这是一个绝对必要的条件。

许多坏事的发生揭开了曾被认为不可能出现的信贷危机的序幕，同时对大量利用杠杆的投资者造成了严重影响。所以简单的解释就是，之所以会在信贷危机中受到重创，是因为他们不够怀疑或不够悲观。

这引发了我的顿悟：怀疑并不等同于悲观。在过度乐观时，怀疑倡导悲观；但在过度悲观时，怀疑又会倡导乐观。

随着信贷危机在上周达到阶段性高峰……我发现极少人是乐观的，绝大多数人有着不同程度的悲观。没有人持怀疑态度，或者说没有人认为“这个恐怖故事不太可能是真的”。上周，人们一直没有积极买入，所以股价一跌再跌——俗话说的“跳空”，一次就下跌很多。

与往常一样，解决问题的关键是对别人所说的和做的保持怀疑。消极的故事可能更令人信服，但只有少数人相信的乐观故事才有更大的盈利潜力。

《消极的局限性》，2008 年 10 月 15 日

大众在市场达到顶峰时会乐观，在市场跌到谷底时会悲观，显然这

是不对的。因此，为了获利，我们必须对顶峰时普遍的乐观和谷底时盛行的悲观持怀疑态度。

《试金石》，2009年11月10日

通常，我们认为怀疑态度就是在恰当的时间说出“不对，事情好到不像是真的”。但是，在2008年我意识到——回想起来是如此显而易见——有时候怀疑态度同样要求我们说：“不对，事情坏到不像是真的。”

许多在2008年第四季度购买的不良债务在接下来的18个月竟然得到了50%~100%甚至更高的收益率。在那样的艰难形势下，买进是极端困难的一件事，但是，当我们意识到几乎没有人在说“不对，这事坏到不像是真的”的时候，做出买进决定还是比较容易的。在那个时刻，保持乐观并大胆买进就是逆向投资的最佳表现。

某些共同的线索贯穿于我所目睹的最佳投资中。它们通常是逆向投资，富有挑战性并令人不安——尽管经验丰富的逆向投资者会从与众不同的立场中得到安慰。举例来说，每当债务市场崩溃时，多数人就会说：“我们是不会去接下落的刀子的，那太危险了。”通常，他们会再补充道：“我们要等到尘埃落定，不确定性得到解决之后再说。”当然，他们所表达的意思是，他们被吓坏了，不确定到底该怎么做。

霍华德·马克斯：害怕看错：不仅需要忍受孤独和不适的处境，而这却是值得庆幸的。通常，当处于钟摆式摆动的极点时，身为大流中的一员才应该需要担心。

我敢肯定的一件事是，当刀子停止下落，尘埃已然落定，不确定性得到解决的时候，利润丰厚的特价股也将不复存在。当买进某种东西再次让人感觉安稳的时候，它的价格再也不会那么便宜。因此，在投资中，利润丰厚和令人安稳通常是矛盾的。

作为逆向投资者，我们的任务就是尽可能谨慎熟练地接住下落的刀子。这也是内在价值的概念如此重要的原因。如果我们对价值的认识能够让我们在别人都在卖出的时候买进——并且如果我们的观点事后被证明是正确的——那么这就是以最低风险获取最高回报的途径。

塞思 · 卡拉曼：伴随着大量抛售股票即将告一段落，不仅是价格会反弹，大规模的买进也会变得更加困难。

第 12 章

寻找便宜货

在大多数人不愿做的事情中，通常能够发掘出最佳机会。

精心构建投资组合的过程，包括卖出不那么好的投资从而留出空间买进最好的投资，不碰最差的投资。这一过程需要的素材包括：第一，潜在投资的清单；第二，对它们的内在价值的估计；第三，对其价格相对于内在价值的感知；第四，对每种投资涉及到的风险及其对在建投资组合的影响的了解。

克里斯托弗 · 戴维斯：这是一个极好的总结。

通常，第一步是确保所考虑的投资满足某些绝对标准。即使是经验丰富的投资者也不会说，“我只在足够廉价时买进”。多数情况下，他们会列出一个满足自己的最低标准的候选投资清单，然后从中挑出最划算的。这就是本章要探讨的全部内容。

举例来说，投资者会先将可能的投资范围缩小到风险可接受的限度内，因为可能会存在某些投资者不能适应的风险。比如在科技领域快速增长的板块里滞后的风险，以及某个热门消费品不再受追捧的风险，这些风险在一些投资者看来超出了他们的专业知识的范围。此外，投资者可能会发现，有些公司绝对是不可接受的，因为它们的行业太过难以预测，或它们的财务报表不够透明。

强调将资产的风险限定在一定范围内不无道理。市场认为极其安全的证券可能会提供令人乏味的收益，而极不安全的证券可能会超出投资者的风险容忍能力。换句话说，有些地方是投资者不愿碰触的，而无论证券价格如何。

克里斯托弗 · 戴维斯：这些警告源于马克斯早期关于价格和风险的讨论。

不仅存在投资者不愿承担的风险，也存在他们的客户不希望他们承担的风险。尤其是在机构投资领域里，很少有人会对投资经理这样说："这是我的钱，拿去做你想做的事吧。"投资经理的职责不仅是进行有利可图的投资，还要满足客户的需求，多数机构投资者是因为开展特定资产类别和投资风格的业务才被聘用的。如果客户是冲着某种类型的投资来的，那么从事其他类型的投资就得不到什么好处，无论它们有多么诱人。举例来说，如果投资经理是以高质量、高市值的价值股投资专业知识来招揽客户的，那么大量的高科技创业企业投资就会对该投资经理的业务非常不利。

克里斯托弗 · 戴维斯：这是对一位投资经理的职责的贴切描述。但是，我仍然坚信投资经理没有必要过度谨慎，因为这种态度很容易就会变成对整体风险或争议的麻木不仁。

因此，建立投资组合的出发点不可能是毫无限制的。有些考虑是从客观实际出发的，而有些则不是。

定义了“可行集合”之后，下一步就是从中选择投资。这一步通过识别潜在收益—风险比率最高的或最划算的投资来实现。格雷厄姆和多德所著的《证券分析》修订版的编辑锡德·科特尔在告诉我他的观点时说，“投资是相对选择的训练”。35年来这句话一直伴随着我。

锡德这句简单的话里包含着两个重要信息。首先，投资的过程必须是缜密且经过严格训练的。其次，相对是必需的。不管价格低迷还是高涨，以及因此所带来的预期收益是高还是低，我们都必须从中找到最佳投资。我们改变不了市场，若想参与其中，我们唯一的选择就是从现存的可能性中选择最好的。这就是相对决策。

乔尔·格林布拉特：根据一些投资的经验，或许可以将当前显得十分划算的投资机会比作过去那种以估值为基础的交易。由此，在如今的情况下，获得便宜货的机会同样可以被视为未来潜在的交易契机。

那么，构成我们所寻找的杰出投资的要素是什么？正如我在第4章所提到的，价格是主要因素。我们的目标不在于“买好的”，而在于“买得好”。因此，关键不在于你买什么，而在于你用多少钱买。

克里斯托弗·戴维斯：这受制于风险以及前文提到的评价标准。

高质量资产可能划算，也可能不划算，同样，低质量资产也可能划算或者不划算。将客观优点误以为是投资机会的倾向，以及不能正确区分好资产与好交易之间区别的倾向，会令大多数投资者陷入困境。

克里斯托弗·戴维斯：同意！

因为我们追求的是好交易，所以本章的主要目标是阐明特价股的特征。一般来说，它意味着价格相对于价值较低，潜在收益相对于风险较高。股票中的便宜货是如何做到这一点的呢？

在第10章中，我以科技股热潮为例，论证了良好的基本观点被转化为高价泡沫的过程。它通常始于一项具有客观吸引力的资产。随着人们重视程度的提高，他们希望拥有这项资产的意愿不断加强，继而资本流入、价格上涨。人们将价格上涨视为这项投资的优点，从而买进更多。其他人开始听说有这样一项资产并加入买家行列，于是上涨势头形成一种不可阻挡的良性循环的表象。通常这是一场人气竞赛，受到人们追捧的资产就是制胜投资。

如果这种情况持续的时间足够长、积聚的力量足够大，投资就会变成泡沫。泡沫为善于思考的投资者提供了许多卖出和卖空的机会。

便宜货的形成过程很大程度上与之相反。因此，为了找到便宜货，我们必须了解为什么资产会受到冷落。它不一定是客观分析的结果。事实上，多数便宜货的形成过程与分析无关，重要的是考虑它背后的心理因素，以及它的驱动因素：受欢迎程度的变化。

那么，造成价格相对于价值较低，收益相对于风险较高的原因是什么？换句话说，是什么令一件东西卖得比它应有的卖价便宜？

- 与成为热门题材的资产不同，潜在的便宜货通常会显示出一些客观不足。资产类别可能存在缺陷，公司在业内可能较为落后，资产负债表可能被过度杠杆化，或者证券为其股东提供的结构性保护不足。

- 有效市场设定公平价格的过程需要相关人员善于分析，保持客观，便宜货通常是在非理性或片面理解的基础上形成的。因此，便宜货往往产生于投资者不能保持客观的态度对待资产，没有透过表象全面了解资产，或未能克服某些不以价值为基础的传统、偏见或束缚的时候。
- 与市场宠儿不同，“孤儿资产”常被忽略或鄙视。当它在媒体上和在鸡尾酒会上被提起的时候，不过是作为一个不受欢迎的短语而出现。

塞思 · 卡拉曼：一般说来，越不受欢迎或不被看好的，往往都是更好的交易。

- 它不断下跌的价格通常令第一层次思维者发问：“谁想要它呢？”（一个不断重复的现象是，大多数投资者会根据以往的业绩而不是更可靠的均值回归来预测未来趋势。第一层次思维者倾向于将过去的价格疲软视为负担，而不是资产更为廉价的标志。）
- 结果，便宜货往往成为极不受欢迎的资产。资本远离或出逃，没有人想得出持有它的理由。

以下是当整个资产类别不受追捧时，便宜货如何形成的例子。

债券过去60年的发展故事与股票所受的追捧形成了对立映射。债券的第一个低潮出现在20世纪五六十年代股票成为众人焦点的时候，1969年年底，第一国家城市银行的《每周债券数据摘要》以黑框标题“最后一次发行”而宣告结束。在70年代的高利率环境下，债券锐减，即使在80年代和90年代利率开始稳步下降的时候，债券也没有显示出任何能与股票的高额收益相抗衡的希望。

到了90年代后半期，所有的债券投资给人感觉都像抛锚了一样表现不佳。作为一个慈善组织投资委员会主席的我，看到另一个城市的兄弟组织——已经多年受80∶20的债券/股票组合之累——将其债券/股票比例变为0∶100。我猜，一个典型的机构投资者会如是说：

我们的固定收益投资比例很小。我不能告诉你为什么。这是历史的偶然性。我的前辈确定了这样的比例，但他们当初的理由已经被以往的表现消磨殆尽。现在我们有进一步减持债券的考虑。

即使在当前这个人们并不热衷于买进更多股票的时代，也鲜有资金流入高评级债券。债券受欢迎程度持续下降的诸多原因之一，是格林斯潘领导下的美联储为刺激经济以及应对外源性冲击（如千年虫恐慌）而采取的低利率政策。3%~4%的国债和高评级债券收益率对机构投资者8%的收益率目标起不到多大作用。

《底限》，2010年9月10日

在上述过程已经持续足够长时间并且债券持有量已经减到足够少之后，债券被重新定位成具有卓越表现的证券，原因是环境发生了改变，导致安全性需求相对于升值潜力需求增大。与资产开始上涨的时候一样，投资者突然认识到债券的吸引力，并且发现自己持有得不够。较早意识到这一点的人便能利用这种变化从中获利。

公平定价的资产从来不是我们的目标，因为它们只能带来有风险的一般收益。当然，定价过高的资产对我们更没有任何好处。

我们的目标是寻找估价过低的资产。应该到哪里去找呢？从具有下列特征的资产着手是个不错的选择：

- 鲜为人知或人们一知半解的。
- 表面上看基本面有问题的。
- 有争议、不合时宜或令人恐慌的。
- 被认为不适于“正规”投资组合的。
- 不被欣赏、不受欢迎和不受追捧的。
- 收益不佳的追踪记录。
- 最近有亏损问题、没有资本增益的。

保罗·约翰逊：这是一份很出色的“购物清单”。

如果提炼成一句话，我会说：便宜货存在的必要条件是感觉必须远不如现实。也就是说，最好的机会通常是在人多数人不愿做的事情中发掘出来的。毕竟，如果人人都感觉不错并愿意加入的话，它的价格就不会那么低廉了。

1978年，当我在花旗银行从股票研究转向投资组合管理时，有幸接触到了满足上述某些或全部标准的资产类别。我的第一项任务是管理可转换证券。这是一潭比现在更小、更不受重视的市场死水。虽然对于投资者来说，它们具有既能提供债券又能提供股票的优势，但是只有弱势企业，如企业集团、铁路企业和航空企业在别无选择的时候才会发行可转换债券。主流投资者认为它们引入了不必要的复杂性。他们会说，如果你想要债券和股票，为什么不直接买进债券和股票呢？如果你喜欢一家公司，为什么不买进股票得到全部收益，却要投资防御型混合金融工具？然而，一旦“人人”感觉某种东西没有优点的时候，就有理由怀疑它不受欢迎、不受追捧，从而有可能估价过低。这就是为什么1984年《商业周刊》一篇关于我的文章里会出现一句带下画线的话："真正的男人不买可转换证券，像我这样的胆小鬼才会廉价买进。"

1978年下半年，我受命启动一个高收益债券基金。这种低评级证券有一个令人讨厌的别名——"垃圾债券"，达不到大多数投资机构"投资级或以上级别"或者"A级或以上级别"的最低要求。垃圾债券有违约的可能，那么它们怎样才能成为适合养老基金或捐赠基金持有的债券呢？如果某个基金从一家投机级公司买进债券后该公司破产了，受托人如何避免明知高风险偏要去做所导致的尴尬和指责？

克里斯托弗·戴维斯：这同样适用于首要风险。

提示这类证券潜力的一个显著线索可以在一家评级机构关于B级债券的描述中找到——"普遍缺乏理想投资的特点"。现在你应该快速发问：人们怎么能够在没有任何价格参考的情况下全盘否定一个潜在投资类别呢？这些债券后来的发展表明：如果没有人持有某个债券，那么对它的需求（以及价格）只可能上涨，只需从绝对禁忌调整到可以容忍，债券就能有良好的表现。

塞思·卡拉曼：在更广泛的意义上，这是所有机构评级都存在的问题。假设的安全性会吸引那些未能很好地做足功课的投资者，使得他们最终变成普遍意义上的买家。具有讽刺意味的是，评级下降通常发生在这时——市场已经发现存在问题，使得那些相信评级的投资者遭受了巨大的损失。

终于，在1987年，我的合伙人布鲁斯·卡什和谢尔顿·斯通带着成立一个投资不良债务的基金的好点子来找我了。还有什么能比投资破产公司或极有可能破产的公司的债券更不靠谱、更令人不屑？谁会去投资一家已经证实缺乏财务可行性并且有管理缺陷的公司呢？有责任感的人怎么可能投资呈自由落体式下跌的企业呢？当然，考虑到投资者的行为方式，任何在某一时间点被认为是最差的资产，都很有可能成为最廉价的资产。便宜不需要与高品质有任何关系。事实上，令人望而却步的低质量证券的价格往往更低。

保罗·约翰逊：这是一种很好的石蕊指示剂——用以发现交易。

这些资产类别满足本章前面列举的大部分或所有标准。它们鲜为人知，不被理解，也不受重视。没有人为它们说一句好话。每项资产都是戴维·史文森在第11章中所谈到的令人不安、貌似轻率的投资的典型例证……因此，在未来二三十年里，每项资产都将变成一项杰出投资。我希望这些例子能够提示你去哪里寻找便宜货。

乔尔·格林布拉特：马克斯的论述涉及了价值和特殊情况下的投资机遇。

便宜货的价值在于其不合理的低价位——因而具有不寻常的收益—风险比率，因此它们就是投资者的圣杯。按照第2章的原则，这样的交易不应该存在于有效市场中。然而，我经历的每一件事情都在告诉我，尽管便宜货不合常规，但是那些人们以为可以消除它们的力量往往拿它们无可奈何。

我们是积极投资者，因为我们相信我们可以通过识别好机会而击败市场。另一方面，许多摆在我们面前的“特殊交易”好到不像真的，避开它们是取得投资成功的关键。因此，和许多事情一样，促使一个人成为积极投资者的乐观，以及对有效市场假说的怀疑，二者必须保持平衡。

显然，投资者可能会因心理弱点、错误分析或拒绝进入不确定领域而犯错。这些错误为能够看到别人错误的第二层次思维者创造了便宜货。

第 13 章
耐心等待机会

市场不是有求必应的机器，它不会仅仅因为你需要就提供高额收益。

彼得 · 伯恩斯坦

与全球金融危机相关的繁荣—衰退周期，为我们提供了在 2005 到 2007 年年初以高价卖出，以及随后在 2007 年年底和 2008 年以恐慌价格买入的机遇。从许多方面来讲，这是一个千载难逢的机会，在周期中逆势而动的逆向投资者们有了扬名立万的黄金机遇。但是在本章，我想指出的是，并不是总有伟大的事情等着我们去做，有时我们可以通过敏锐的洞察和相对消极的行动将成果最大化。耐心等待机会——等待便宜货——往往是最好的策略。

保罗 · 约翰逊：马克斯在这一章中贡献了杰出的智慧。有一种考验与许多投资者对于应在何时增加投资感到困惑有关，实际上，所有这些研究都表明，绝大多数投资者会过度交易其证券投资组合。伴随着这种考验，很难说明人类是生来就有耐心的。

所以，在这里我要提醒你：等待投资机会到来而不是追逐投资机会，你会做得更好。在卖家积极卖出的东西中挑选，而不是固守想要什么才买什么的观念，你的交易往往会更为划算。机会主义者之所以买进某种东西，因为它们是便宜货。在价格不低时买进则没什么特别。

在橡树资本管理公司，我们的格言之一是："我们不找投资，投资找我们。"我们尽量做壁上观。我们不会怀揣"购物清单"出门寻找，而是等待电话铃声响起。如果我们打电话给持有者说，"你有X，我们想买"，价格就会上去。但是，如果持有者打电话给我们说，"我们被X套牢了，想脱手"，价格就会下降。因此我们更喜欢相机而动，而不是发起交易。

任何特定时间点上的投资环境都是特定的，除了接受它并从中投资之外，我们别无选择。可供一搏的钟摆或周期极限并不总是存在。有些时候，贪婪和恐惧、乐观和悲观、轻信和怀疑是平衡的，因此明显的错误是不会出现的。大多数定价可能看起来是大致公平的，而不是显著过高或过低。在这样的情况下，令人兴奋的低买高卖是不太可能出现的。

乔尔·格林布拉特：这是专业投资者最难掌握的技能之一：日复一日地工作，却一无所获。

识别市场环境并做出相应的行动决策是成功投资必不可少的。其他可能的行为包括：在没有认清市场的情况下采取行动，在无视市场状况的情况下采取行动，相信我们可以在某种程度上改变市场。这些都是不可取的。结合我们所处的环境适当地投资才是明智之举。事实上，除此之外的其他任何做法都是行不通的。

我从哲学中得到了这个结论：

20世纪60年代中期，沃顿商学院的学生必须选择一门非商业辅修课，我通过辅修5门日本研究课程达到了这一要求。令我惊讶的是，这些课程成为了我大学生涯的亮点，并且为我后来建立我的投资理念做出了重要贡献。

日本早期最有价值的文化之一是“无常”。在我看来，无常是对“转法轮”的认识，含有接受变化和起落的必然性之意……换言之，无常意味着周期有起伏，事物来而往，环境在以不受我们控制的方式而改变。因此，我们必须承认、接受、配合并且响应。这不就是投资的本质吗？

……逝者已矣，覆水难收。过往造就了我们面临的现状。我们所能做的，不过是客观地认识环境，并以此为前提，做出我们能够做出的最好的决定。

《就是这样》，2006 年 3 月 27 日

沃伦 · 巴菲特的理念比我的理念在精神层面上略少一些，他没有用“无常”，而是以棒球作为类比。

在伯克希尔–哈撒韦公司 1997 年的年报中，巴菲特提到了绰号“利刺”的泰德 · 威廉姆斯——史上最伟大的击球手之一。对所参与的比赛进行深入研究是他成功的一个重要因素。他把好球区分解为 77 个棒球大小的空间，并将结果绘制在本垒板上。他知道只有击打“最佳位置”的投球时，击球率才会更高。当然，即使有这样的认知，他也不可能整天等待完美投球；如果三投不击，他就要被三振出局。

早在 1974 年的 11 月 1 日的《福布斯》上，巴菲特就指出，就这一点来说，投资者是有优势的，只要他们能够领悟。因为投资者不会被三振出局，所以他们不必承受行动的压力。他们可以错过无数机会，直到一个极好的机会出现在眼前：

“投资是世上最棒的交易，因为你永远不必急着挥棒。你只需站在本垒板上，投手以 47 美元投给你通用汽车，以 39 美元投给你美国钢铁！没有人会被三振。在这里没有惩罚，只有机遇。你可以整日等待你喜欢

的投球；当守场员恹恹欲睡时，你便可以快步上前一击命中。”

《你的游戏策略是什么》，2003 年 9 月 5 日

乔尔·格林布拉特：我会经常想到这个类比（特别是当我有点儿犯懒的时候）。

投资最大的优点之一是，只有真正做出失败的投资时才会遭受损失。不做失败的投资就没有损失，只有回报。即使会有错失制胜机会的不良后果，也是可以容忍的。

塞思·卡拉曼：标准依然是很重要的。设定标准过高，你或许仍然持观望态度。设定标准过低，你将会立刻全力注入资金——这与你在没有标准时的表现毫无区别。经验和全方位的思维是设定标准的关键所在。

错失制胜机会为什么会产生不良后果？要知道，投资者是普遍为金钱而竞争的，因此没人会在失去获利机会时完全无动于衷。

对于帮人理财的专业投资者来说，其中的利害关系更为严重。如果投资经理在繁荣期错过的机会太多，得到的收益太少，他们就会承受来自客户的压力，并最终失去客户。这在很大程度上取决于对客户习惯的培养。

克里斯托弗·戴维斯：进行有效的客户管理的关键总是在于——降低他们的期待。

第13章
耐心等待机会

橡树资本管理公司一直态度鲜明地表达我们的信念：投资失败比失去一个获利机会更值得重视。因此，我们的客户都有将风险控制放在全盘获利之前的心理准备。

乔尔 · 格林布拉特：我们也许会仔细查看五六十种投资，以便从中发现少数的佼佼者。如果我们买了6种且进展顺利，并因此错过了50种应该购买的，也不会认为这将造成损失。

将球棒搭在肩上，站在本垒板上观望，是巴菲特对耐心等待机会的解读。当且仅当风险可控的获利机会出现时，才应该挥动球棒。为了做到这一点，应尽最大努力弄清我们所处的是一个低收益环境还是高收益环境。

几年前我想到了一个寓言，可以恰当地类比低收益环境。这个寓言叫作“猫、树、胡萝卜和大棒”。猫是投资者，需要应对投资环境，而树是环境的一部分；胡萝卜——接受新增风险的激励——来自似乎可以从高风险环境中获得的高收益，而大棒——放弃安全的动力——来自较安全的环境所提供的低水平预期收益。

胡萝卜诱惑着猫采取高风险策略，爬向更高的枝头捕食晚餐（它的目标收益），大棒则激励着猫向上爬，因为停在靠近地面的地方得不到食物。

在大棒和胡萝卜的共同作用下，猫不断向上爬，直到最终到达树尖，将自己置于危险境地。我们观察到的关键一点是，即使在低收益环境中，猫也在追求高收益并承担新增风险的后果，尽管它们自己往往并未察觉到这一点。

债券投资者称这一过程为“攫取收益”，传统上用于表示随着较安全投资的收益下降，投资者为了得到在市场上涨之前的惯有收益而进行高风险信贷投资。这种为了延续收益而承担新加剧的风险的模式往往会在周期中不断重复。那些收益攫取者的座右铭似乎是：“如果不能通过安全投资得到你需要的收益，那么就通过高风险投资去得到它。”

在上一个10年的中期，我们目睹了这一行为的不断上演：

> （信贷危机之前），投资者无法抵御杠杆的诱惑。他们借入低成本短期资金——期限越短，成本越低（如果愿意承诺按月还款，你的贷款成本就可以很低）。他们用这笔钱去购买流动性不足和（或）包含基本面风险因而能够提供高收益的资产。世界各地的机构投资者们凭借两枚提供低风险高收益的“银弹”——证券化与结构性的最新承诺，占领了华尔街。
>
> 从表面上看起来，这些投资很合理。它们承诺了令人满意的绝对收益，因为杠杆购买的收益大于资本成本——收益会很可观……只要不发生意外。
>
> 然而就像往常一样，对利润的追求导致了错误。预期收益看起来很好，但也有可能出现一系列极其糟糕的结果。许多技术和结构的成功靠的是未来走势与过去相似。我们所依赖的许多“现代奇迹”并未经过验证。
>
> 《这一次没有什么不同》，2007年12月17日

值得注意的是，许多早期投资者中的佼佼者如今已不再是主要竞争对手（甚至退出了竞争）。一些投资者由于组织模式或商业模式的缺陷而步履蹒跚，其他投资者则因为坚持在低收益环境中追求高收益而不复存在。

你无法创造并不存在的投资机会。坚持追求高收益是最愚蠢的做法——这个过程会榨干你的利润。愿望不会凭空创造机会。

在价格高的时候，预期收益低（风险高）是不可避免的。这简单的一句

话对如何采取适当的投资行为具有重要的指导意义。如何将这一观察应用到实践中呢？

克里斯托弗·戴维斯：再次强调：高价会同时增加风险和降低收益。

2004年，我写了一篇叫作“今日的风险与收益”的备忘录。如第6章所述，我在其中表达了我的观点：第一，当时的资本市场曲线“低平”，意味着几乎所有市场的预期收益和风险溢价都处于有史以来的最低水平；第二，如果预期收益提高，很可能是通过价格下跌达到的。

但是，问题在于我们能怎么做呢？几周之后，我提出了几个可能性：

> 投资者该如何应对一个似乎只提供低收益的市场呢？
>
> • 否认并进行投资。这种做法的问题在于你不会心想事成。简而言之，当被推高的资产价格表明不可能获得惯常收益的时候，做出惯常收益预期是毫无意义的。我很高兴收到了彼得·伯恩斯坦对我的备忘录的回信，他的信中有一些精彩的言论：“市场不是有求必应的机器，它不会仅仅因为你需要就提供高额收益。”

乔尔·格林布拉特：这是一个出色的观点。

> • 径直投资——试着接受相对收益，即使绝对收益不具有吸引力。
>
> • 径直投资——忽略短期风险，关注长期风险。这种做法不无道理，特别是当你承认市场时机难以判断、资产难以进行战术性配置的时候。但在这样做之前，我建议你先得到投资委员会或其他投资成员同意忽略短期损失的承诺。

- 持有现金——对于需要满足精算假设或花费率的人、希望自己的钱永远“被充分利用”的人，或对长期眼睁睁地看着别人赚钱而自己没赚而感到不安（或者会丢掉工作）的人来说，这样做是有难度的。

塞思·卡拉曼：近年来，持有现金已经彻底过时了，却最终成为了逆向投资者选择的投资行为。

- 就像过去几年里我一直在不厌其烦地重复的那样，将投资集中在“特定利基与特定人群”上。但是随着投资组合的增长，这样做的难度会越来越大。识别真正有天赋、有纪律、有耐力的投资经理当然并不容易。

事实是，当投资者面临预期收益和风险溢价不足的情况时，是没有简单答案的。但是我坚定地认为，有一种做法——一个典型误区——是错误的：攫取收益。

考虑到今天处于低风险一端的投资预期收益不足，而被大肆宣扬的解决方案位于高风险的一端，许多投资者正在将资本转向更高风险（或至少不那么传统）的投资。但是，当他们进行高风险投资的时候，恰恰是投资的预期收益达到历史最低点的时候，他们因风险递增而获得的收益增量是有史以来最低的，他们正参与到在以往预期收益更高的时候拒绝做（或做得较少）的事情中来。这可能恰恰是通过提高风险来增加收益的错误时间。你应该在别人都离场的时候，而不是在他们和你竞逐的时候承担风险。

《又来了》，2005 年 5 月 6 日

塞思·卡拉曼：这凸显了投资收益要求的一个陷阱，就像企业养老基金被迫所做的那样。企图赚取高额收益不仅无法使你赢利，还会以类似于提高风险的方式，使你经历短期的损失和下跌，这无疑使你雪上加霜。

显然，这篇备忘录写得太早了。2005年5月尚未是离开旋转木马的最佳时机——2007年5月才是。过早的善意提醒会带来过于超前的痛苦。即便如此，2005年5月的过早离场也远远好过在2007年5月时仍然滞留。

乔尔·格林布拉特：高价值评估通常会比预期中的更高、更持久，令训练有素的、有耐心的投资者屡屡受挫。

我一直在试图阐明投资环境对投资结果有着重大影响。在低收益环境中得到较高收益，需要具备逆流而上的能力，以及找到相对较少的制胜投资的能力。这必须建立在高超的技巧、高风险承担和良好运气相结合的基础上。

另一方面，高收益环境所提供的高额收益机会是通过低价买进实现的，并且通常是低风险的。举例来说，在1990年、2002年和2008年的危机中，我们的基金不仅取得了罕见的高额收益，而且是通过损失概率很小的投资做到这一点的。

买进的绝佳机会出现在资产持有者被迫卖出的时候，在经济危机中这样的人比比皆是。资产持有者出于以下原因，一次又一次地成为强制卖家：

- 他们管理的基金被撤销。
- 投资组合不符合投资规定，例如不满足最低信用评级或最高仓位限制。
- 因为资产价值低于与出借方在合约中约定的金额而收到追加保证金的通知。

保罗·约翰逊：有趣的是，尽管马克斯只是有所暗示，但投资者应该学着绝不要让自己成为这样的强制卖家。

我已说过很多次，积极投资管理的真正目标是以低于价值的价格买进。有效市场假说认为我们做不到这一点。它的反对理由似乎很有道理：人们何必以特价卖出某种东西呢，特别是潜在卖家都明智而理性的时候。

一般来讲，潜在卖家会在卖个好价和尽快卖掉之间做出权衡。强制卖家的妙处在于他们别无选择。他们被枪指着脑袋，必须不计价格卖出。如果你是交易的另一方，那么“不计价格”这四个字将是世界上最美妙的词汇。

如果强制卖家只有一个，无数买家会蜂拥而至，交易价格只会稍有下降。但是，如果混乱大规模扩散，就会同时出现大量的强制卖家，能够提供必需流动性的人则寥寥无几。授权交易的难题——价格急跌，贷款撤回，交易对手或者客户恐慌——对大多数投资者有着同样的影响。在这种情况下，价格可能会跌得远低于内在价值。

2008 年第四季度所发生的一切就是一个混乱时期对流动性需求的绝佳例子。让我们以持有优质银行贷款杠杆投资的实体为例。这些贷款的评级很高，在危机发生的前几年能够实现无条件信贷，因此，借入大笔资金，通过债务组合杠杆投资来提高潜在收益是很容易办到的。通常，一个以“保证金”交易的投资者可能会在价值1美元的附属担保品跌到85美分以下时，同意追加新增资本。而以过去的经验来看，这样的贷款几乎从来没低于“面值”（也就是100美分）交易过。

信贷危机爆发后，对于进行银行贷款杠杆投资的投资者来说，一切全都不对劲了。（而且因为这些所谓的安全贷款的收益率实在太低，几乎所有买家都是用杠杆来提高预期收益的。）贷款价格下跌，流动性枯竭。由于多数交易是利用借入资本进行的，因此信贷市场的紧缩对大批持有者造成了影响。潜在卖家数量激增，付现买家消失。随着新增信贷难以获得，再也没有新的杠杆买家能够挺身而出，吸收如此巨大的卖量。

贷款价格跌到95美分、90美分、85美分……随着所有的投资组合都达到“触发点”，银行开始发出追加保证金通知或提出资本输注要求。在这种环境下，几乎没有投资者有追加资本的资源和胆量，于是银行接管投资组合并对其进行清算。“整体竞购”开始被广泛使用。投资者会在下午收到整体竞购通知，然后被告知次日上午进行拍卖竞标。仅有的少数潜在买家出价极低，以期拿到真正的便宜货（人们不必担心出价过低，因为整体竞购一个紧接着一个）。银行并不关心是否得到了公允价格，它们需要的不过是足够抵偿贷款的收入（可能是75或者80美分）。超额部分都归投资者所有，银行并不在乎。因此整体竞购会以奇低的价格进行。

贷款价格最终跌到60多美分，每一位得不到新增资本的短期信贷持有人都有可能被清出局。卖价低到荒谬。在2008年，优质贷款指数比高收益次级债券指数衰退得还要厉害，释放出一个确凿无疑的无效信号。以你买进优先受偿债务的价格，即使发行公司最终只值一两年前收购基金出价的20%~40%，你也能保本。承诺收益率是很可观的，事实上大部分证券在2009年都有显著的上涨。

这就是耐心等待机会者采取行动的时机。只有已经认识到2006年与

2007 年所蕴含的风险并且做好准备、等待机会的人，才有这样做的能力。

在危机中关键要做到远离强制卖出的力量，并把自己定位为买家。为达到这一标准，投资者需要做到以下几点：坚信价值，少用或不用杠杆，拥有长期资本和顽强的意志力。在逆向投资态度和强大资产负债表的支撑下，耐心地等待机会，便能在灾难中收获惊人的收益。

保罗 · 约翰逊：尽管极端的挑战可能会出现，但这不失为一个绝佳的建议。

第 14 章

认识预测的局限性

我们有两类预言家：无知的和不知道自己无知的。

约翰·肯尼斯·加尔布雷斯

想到自己不知道某些事情令人忧心，而想到这个世界在被一群自以为是的人控制着，则更令人恐惧。

阿莫斯·特沃斯基

赔钱的人有两种：一无所知的和无所不知的。

亨利·考夫曼

我从上百万条类似的名言警句里选用了三句来开启本章。认识预测的局限性是我的投资方法的一个重要组成部分。

我坚定地相信了解宏观未来很难，很少人拥有可转化为投资优势的知识。不过我要补充两点：

- 对细节关注得越多，越有可能获得知识优势。通过勤奋的工作和专业的技术，我们能比旁人知道更多关于个别公司和证券的信息，但想要在对于整个市场和经济的认知上做到这一点则很难。因此，我建议大家要努力做到“知可知”。
- 我将在下一章详细论述的另一个建议是，投资者应尽量弄清自己在周期和钟摆中所处的阶段。这不会令未来变得可知，但它能帮助人们为可能的发展做好准备。

我不会试图去证明未来无法预知的观点。我们是无法证明否定句的，当然也包括这一结论。不过，我还没有碰到过永远知道宏观未来走势的人。同样，在你追随的所有经济学家和战略家中，有谁在大部分时间里都是对的？

保罗·约翰逊：我是这样总结这一章的：谨慎地对待你自己的预测，至于别人的则要更加小心！我从这章中发现了这个重要的信息，并传授给学生们。大多数人在20多岁到30岁时对自己的能力过于自信，特别是在预测未来这一方面。无论我展示了多少事实以削弱预测的价值，多数的学生仍无所畏惧地离开了学校。我确信这些学生将从马克斯出色的处理方式中受益匪浅——即不可能持续地做出价值预测。

我在这个问题上的“研究”（我用了引号，因为我在这个领域付出的努力实在有限，此处仅将逸事当成严肃研究）主要包括：了解预测并观察预测的无效性。研究的结果是我写了两篇备忘录——《预测的价值，或雨来自何处？》（1993年2月15日），以及《预测的价值II，或给男人一支雪茄》（1996年8月22日）。在第二篇备忘录中，我用了《华尔街日报》上的三组半年经济调查数据来检验预测的效果。

第一，预测大体准确吗？答案显然是“否”。平均下来，6个月后及12个月后的90天国债利率、30年期债券利率、美元兑日元汇率的预测值与实际值相差 15%。6 个月后的长期债券利率的平均预测值与实际值相差 96 个基点（差异足够大到每 1 000 美元产生 120 美元的出入）。

第二，预测有价值吗？准确预见到市场变化的预测是最有用的。如果你预测到某种东西在今后并且永远不会发生变化，那么这样的预测不会为你赚太多的钱。准确预测到变化才有可能带来高额回报。通过对《华尔街日报》数据的观察，我发现有几个重大变化（如果在当时做出准确的预测，就能帮助人们获利或是避免损失）完全没有被预测到：1994 年和 1996 年的加息，1995 年的减息及美元兑日元汇率的巨幅波动。总而言之，预测的变化和实际变化之间没有太大的相关性。

第三，预测来源于什么？答案很简单：预测大多由推论而来。预测的平均有效率在 5% 以内。像许多预言家一样，经济学家们在驾驶时都紧盯着后视镜。他们只能告诉我们有什么东西存在，却不能告诉我们要去向何方。这验证了那句老话——“准确预测很难，预测未来更难。”由此推而可知：预测过去是再简单不过的一件事。

第四，预测准确过吗？答案是相当肯定的。举例来说，每次在做半年预测时，都有人能够将 30 年期债券收益率的预测误差控制在 10 到 20 个基点内，即使利率变化很大。这样的结果比共识预测的 70 到 130 个基点的预测误差要准确得多。

第五，如果预测有时候很准——准得一塌糊涂——那么我为什么这么抵触预测呢？因为一次准确并不重要，重要的是长期都能准确。

我在 1996 年的备忘录中进一步列举了“提醒你应谨慎听取胜利者预测的两件事”。首先，调查发现，除了取胜的那一次外，胜利者通常预测得并不准确。其次，调查发现，胜利者的错误预测中有一半比共识预测错得还要离谱。这篇备忘录里最重要的当然不是数据，而是其中的结论（假设结论是正确并且可以推广的）及其影响。

有一种方法有时候是正确的，就是一直看涨或一直看跌；如果你持有一个固定观点的时间足够长，迟早你会是对的。即使你是一个门外汉，你也有可能因为偶尔准确地预见到别人没有预见到的东西而得到大家的赞赏。但是，这并不意味着你的预测总是有价值的……

对于宏观未来的预测可能偶尔准确，但并不是经常性的。仅仅知道一大堆预测里有几个准确是没用的，你必须知道哪几个是准确的。如果准确的半年预测来自不同的经济学家，很难相信共同预测到底有多大价值。

《预测的价值II，或给男人一支雪茄》，1996 年 8 月 22 日

这一关于预测的讨论表明，我们面临着两难境地：投资结果完全取决于未来发生的一切。然而，尽管在一切“正常”的大部分时间里，我们有可能推知未来将会发生什么，但是在最需要预测的紧要关头，我们却几乎无法预知未来将会发生什么。

保罗 · 约翰逊：借此，马克斯展示了重要的投资困境。

- 多数时候人们会根据既往来预测未来。
- 人们不一定是错的：未来的多数时候在很大程度上是既往的重演。
- 从这两点出发，可以得出“预测在大多数时间里是正确的”的结论：人们往往会根据既往经验做出通常准确的预测。
- 然而，根据既往经验做出的准确预测并不具备太大价值。正如预测者通常会假设未来和过去非常相似一样，市场也会这样做，从而根据既往价格延续性定价。因此，如果未来真的与过去相似，

那么赚大钱是不可能的，即使是那些做出准确预测的人。

- 然而，未来每隔一段时间就会与过去大不相同。
- 此时的准确预测具有巨大价值。
- 此时也是预测最难准确的时候。
- 某些在关键时刻做出的预测能最终被证实是对的，表明准确地预测关键事件是有可能的，但同一个人持续做出准确预测是不太可能的。
- 总而言之，预测的价值很小。

保罗 · 约翰逊：在我所读过的关于预测之缺陷的论著中，这 9 枚“子弹”是最佳的论述。

如果你需要证据，问问自己：有多少预测者能准确地预测到了 2007~2008 年的次贷危机、全球信贷危机和大规模崩溃？你也许能想到几个人，并且相信他们的预测是有价值的。但是，接下来再问问你自己：这些人中有几个继续准确地预测到了 2009 年经济的缓慢复苏和市场的大规模反弹？我想答案是“极少”。

这并非巧合。准确预测到 2007~2008 年危机的人至少有一部分原因是他们具有消极倾向。因此，他们很可能对 2009 年继续保持悲观态度。预测的整体效用不大……即使对过去 80 年里发生的某些重大金融事件的预测相当准确。

所以，关键问题不是“预测是否有时是准确的”，而是“总预测——或某个人的所有预测——是始终可行并具有价值的吗”。任何人都不应对肯定答案抱太大希望。

对 2007~2008 年金融危机的准确预测有着巨大的潜在价值。但是，如果你发现它来自一个预测并不总对的人，并且这个人有着明显的消极倾向，你还会采取行动吗？这就是预测不一致带来的问题：预测者不是从来没有准确过，但是，他们的成绩不足以激励人们在偶发灵感时采取行动。

~

坦白地说，我对预测和相信预测的人持保留意见。事实上，我已经想到要为这些人贴一个什么样的标签了。

> 这些年来，我碰到的大部分投资者都是属于“我知道”学派的，很容易辨认。
>
> - 他们认为，关于经济、利率、市场的未来趋势以及广受追捧的主流股票的知识，是投资成功必不可少的。
> - 他们相信这些知识是可以掌握的。
> - 他们相信自己是能够成功的。
> - 他们知道许多人也在做同样的努力，但是他们认为人人都能同时成功，或者只有少数人能成功，而他们是其中之一。
> - 他们很放心地根据自己对未来的看法进行投资。
> - 他们乐于和别人分享自己的观点，尽管准确预测的价值本应重大到不可能有人愿意无偿赠送的地步。
> - 作为预测者，他们很少回过头去严格评估自己的预测记录。

保罗·约翰逊：人类愿意去进行预测（这显然是我们的天性使然），我猜想没有任何证据能够阻止大多数人去这样做。马克斯建议，至少要保留一次自己的预测记录。

"自信"是描述这一学派成员的关键词。相反，对"我不知道"学派来说，关键词——特别是在应对宏观未来时——是谨慎。这一学派的信徒普遍相信，未来是不可知，也是不需要知道的，正确目标是抛开对未来的预测，尽最大努力做好投资。

作为"我知道"学派的一员，你对未来侃侃而谈（说不定还会让人做笔记）。你可能会因为自己的观点而受到追捧，被人们奉为座上宾……特别是在股市上涨的时候。

加入"我不知道"学派的结果更加复杂。很快你就会厌倦对朋友或者陌生人说"我不知道"。不久后，亲戚们也不再追问你对于市场趋势的看法。你将永远体会不到千分之一预测成真以及被《华尔街日报》刊登照片的乐趣。另一方面，你也能避免所有的预测失误以及对未来估计过高所带来的损失。

《我们与他们》，2004 年 5 月 7 日

没有人喜欢在未来大多不可知的前提下投资未来。另一方面，如果真是这样的话，我们最好正视现实，寻找其他应对方法，而不是徒劳地预测。无论投资世界强加给我们多少限制，承认并适应比否认并冒进要好得多。

保罗·约翰逊：在此，马克斯提出了一种终极的投资挑战，还有一种关于继续做出预测的关键性动因。

哦，对了，还有一件事：最大的问题往往出现在投资者忘记概率与结果的区别的时候——也就是当他们忘记预测限制的时候：

- 当他们相信概率分布的形状可知（并且他们知道）的时候。
- 当他们假定最可能的结果就是必然结果的时候。

• 当他们假定预期结果能准确代表实际结果的时候。

• 也许最重要的是，当他们忽略罕见结果发生的可能性的时候。

霍华德·马克斯：理解不确定性：风险和不确定性并不等同于损失，但是在实际中出现错误时，它们却为损失埋下了隐患。某些最重大的损失出现在对预测能力过度自信的时刻，投资者会低估可能性的范畴、具体化的难度和意外的后果。

对这些限制条件掉以轻心的鲁莽的投资者很可能在投资中犯错，并因此遭受极大损失。这正是发生在2004~2007年的一切：许多人高估了结果可知与可控的程度，从而低估了行动的风险。

“预测未来是否有用”的问题，不是单纯的好奇或学术探讨。它对投资者行为有或应有重大影响。如果行动决策的结果在将来才能揭晓，那么很显然，你对能否预测未来的看法，将会决定你采取不同的行动。

投资者必须回答的一个关键问题是，他们认为未来是否可以预知。认为可以掌握未来的投资者会采取武断行动：定向交易、集中仓位、杠杆持股、寄希望于未来的增长——换句话说，即行动的时候不把预测风险考虑在内。另一方面，那些认为不能掌握未来的投资者会采取截然不同的行动：多元化、对冲、极少或者不用杠杆、更强调当前价值而不是未来的增长、高度重视资本结构、通常为各种可能的结果做好准备。

第一种投资者在经济崩溃之前会做得更好。但是当崩溃发生时，第二种投资者会有更充分的准备和更多的可用资本（以及更好的心态）从最低点抄底获利。

《试金石》，2009年11月10日

如果未来是可知的，防守就是不明智的。你应该积极行动，以成为最伟大的赢家为目标，没有任何损失可担心。多元化是不必要的，杠杆是可以最大化的。事实上，过度谨慎会造成机会成本（放弃利润）。

另一方面，如果不知道未来会发生什么，自以为是的行动就是鲁莽。回过头去再听一听本章开篇时阿莫斯 · 特沃斯基他们是怎么说的，结果就很清楚了。不可知论者投资不可知的未来令人不安，摆出无所不知的姿态投资不可知的未来则近乎愚蠢。也许马克 · 吐温说得最好：“人类不是被一无所知的事所累，而是被深信不疑的事所累。”

无论是进行脑外科手术、越洋竞赛还是投资，过高估计自己的认知或行动能力都是极度危险的。正确认识自己的可知范围——适度行动而不冒险越界——会令你获益匪浅。

第 15 章
正确认识自身

我们或许永远不会知道要去往哪里，但最好明白我们身在何处。

市场周期给投资者带来了严峻的挑战，例如：

- 不可避免的市场涨跌。
- 对投资者业绩的重大影响。
- 无法预知的幅度和转折时机。

因此，我们不得不应付一股有着巨大影响但在很大程度上不可知的力量。那么，面对市场周期我们该怎么做呢？这个问题至关重要，但是显而易见的答案往往是错误的。

第一种可能的答案是，我们应否认周期的不可预测性，加倍努力地预测未来，将新增资源投入战斗，根据我们的预测结果进行投资。但是，大量的数据和经验告诉我，关于市场周期，唯一能够预测的是它的必然性。此外，优异的投资结果来自对市场更多的了解。但是，真的有那么多人比大众更了解市场周期的转折时机和区间吗？我找不到令我满意的证明。

第二种可能的答案是，承认未来的不可预测性，忽略市场周期。我们不再费力预测周期，而是尽力做好投资并长期持有。既然我们无法知道该何时增持或者减持，也不知道该何时更积极或者更防御，我们只有投资，完全忽略周期及其影响。这就是所谓的“买进并持有”法。

不过，还有第三种可能的答案——在我看来最为正确的答案：为何不试着弄清我们处在周期的哪个阶段，以及这一阶段将对我们的行动产生怎样的影响？

> 在投资领域里……周期最可靠。基本面、心理因素、价格与收益的涨跌，提供了犯错或者从别人的错误中获利的机会。这些都是已知的事实。
>
> 我们不知道一个趋势会持续多久，不知道它何时反转，也不知道导致反转的因素以及反转的程度。但是我相信，趋势迟早都会终止。没有任何东西能够永远存在。
>
> 那么，面对周期，我们能做些什么呢？如果不能预知反转如何以及何时发生，我们该怎么应对呢？关于这个问题，我坚持我的意见：我们或许永远不会知道要去往哪里，但最好明白我们身在何处。也就是说，即使我们不能预测周期性波动的时间和幅度，力争弄清我们处于周期的哪个阶段并采取相应的行动也是很重要的。
>
> 《就是这样》，2006 年 3 月 27 日

保罗·约翰逊：我尊重马克斯对该主题的定位。然而，这个目标并不像他建议的那样简单。他的确是在备忘录中提出了合理的妥协，我认为这具有可行性。

如果能够成功预测钟摆的摆动并采取正确的行动该多好，但这无疑

是一个不切实际的愿望。我认为以下做法更为合适：第一，当市场已经到达极端的时候，保持警惕；第二，相应地调整我们的行为；第三，最重要的是，拒绝向导致无数投资者在市场顶部或底部犯下致命错误的群体行为看齐。

《第一季度表现》，1991 年 4 月 11 日

我并不是说如果我们知道自己处于周期的哪个阶段，我们就会准确地预知接下来会发生什么。不过我的确认为，对自身处境的正确认识会为我们了解未来事件、采取相应对策提供宝贵的洞见，这就是我们希望得到的一切。

当我说现状可知（不同于未来）的时候，我并不是说这种认识是自发产生的。就像与投资相关的大多数东西一样，它需要付出努力，而它是可以实现的。以下是我认为在认识现状过程中的几个重要方面。

我们必须对现在发生的事保持警惕。哲学家桑塔耶纳说过：“忘记过去的人注定会重蹈覆辙。”同样，我相信那些不知道周遭正在发生什么的人一定会受到惩罚。

了解未来很困难，但是了解现在没有那么难。我们需要做的是“测量市场温度”。保持警觉和敏锐，我们就能够判断出其他人的行为，并据此判断我们应采取的行动。

这里的关键在于“推理”（我最喜欢的词之一）。由于媒体的报道，每个人都可以看到每天正在发生的事情。但是，有多少人在努力了解日常事件背后的市场参与者的心理与投资环境，并进一步思索我们该如何相应地采取行动呢？

简而言之，我们必须力求了解我们身边所发生的事情的含义。当其他人盲目自信、积极买入时，我们应加倍小心；当其他人不知所措或恐慌性抛售时，我们应该更加积极。

所以看看四周，问问自己：投资者是乐观的还是悲观的？媒体名嘴认为该入市，还是该出市？新型投资产品是被大众欣然接受，还是避之唯恐不及？证券招股和基金上市被视为致富机会，还是潜在陷阱？信贷周期处于资本容易获得，还是难以获得的阶段？市盈率处于历史高位，还是低位？收益率差是收窄的，还是扩大的？这些都是至关重要但并不需要预测的东西。我们能够在现状观察的基础上得到出色的投资决策，而不必猜测未来。

保罗·约翰逊：当投资者定期检测市场温度时，这些富有洞察力的问题能够轻而易举地充当检测标准。

关键是要留意类似的事件，让它们来告诉你该如何去做。虽然市场并不需要你每天都照此行事，但是在极端市场情况下这是必需的，倾听市场的声音非常重要。

市场及其参与者将2007~2008年视为痛苦时期或人生中最宝贵的经验。当然二者都是对的，但是拘泥于前者没有太大帮助，理解后者才能帮助人们成为更好的投资者。毁灭性信贷危机就是证明正确观察现状的重要性以及试图预测未来的愚蠢性的最佳例子。这是一个值得深入探讨的问题。

回顾2007年年中金融危机爆发前的那段时间，很明显，投资者在不知不觉中承担了过度风险。随着投资者对股票、债券的态度降温，资金流向“另类投资”，如私募股权——企业收购——金额之巨已经注定了失败的厄运。

人们对住房和房地产能够确保收益并能抵御通胀的观点深信不疑。低利率、宽松条款的资本极易得到，刺激着人们过度使用杠杆。

事后才察觉风险意义不大。问题在于警惕与推理是否帮助人们躲过了2007~2008年市场衰退的全面冲击。以下是我们看到的某些过热指标：

- 高收益率债券和低于投资级别的杠杆贷款的发行创下纪录。
- 在高收益率债券中，“CCC”评级债券的占比非常高，通常这一质量标准的新债券是不能被大量出售的。
- 为筹集派息资金而发行债务成为惯例。在正常时期，这类增加发行者风险且对债权人无益的交易是很难实现的。
- 在以债买债的优惠条件下，债务发行得越来越多，而保护债权人的条款很少或者没有。
- 以前罕见的“AAA”评级被授予上千种未经验证的结构性投资工具。
- 收购需要的现金流越来越多，杠杆比率也越来越高。平均下来，收购公司在2007年支付的美元现金流比2001年时高出50%以上。
- 公司收购发生在周期性很强的产业（如半导体制造业）中。在谨慎时期，投资者不会在周期性产业中应用杠杆。

考虑以上所有因素，可以得到一个明确的推论：资本提供者在竞相提供资本，他们放松条款和利率，而不是要求充分保护和潜在收益。对善于思考的投资者来说，世界上最吓人的几个字——过多的资金追逐过少的交易——恰如其分地形容出了市场状况。

霍华德·马克斯：最危险的事：当买家争着向市场投入大量运作资本时，会出现——价格被推至高于价值，预期中的反弹缩减，风险骤升。只有当买家对卖家处于相对的主导地位时，你会有被过高估价的资产。这个警示应该不难发现。

当过多资金参与竞逐的时候，你是能够分辨出来的。市场交易量不断上升，交易容易度也在上升，资本成本下降，被收购资产的价格被连续交易抬高。资本洪流是一切发生的根源。

如果你是制造汽车的，并且希望能够长期更好地把汽车销售出去（也就是说，从其他竞争者手中抢占永久市场份额），那么你会努力把产品做得更好……这就是为什么大部分销售在推销时会以这样或那样的方式说："我们是更好的。"然而，有很多产品是无法被差异化的，经济学家们称之为"货品"。任何卖家销售的"商品"都没有太大差别，在交易时往往只考虑价格因素，每个买家都倾向于购买交货价最低的商品。所以，如果你进行的是商品交易，并且想卖出更多，那么通常有一种方法可行：减价……

将钱视同为"商品"有助于加深理解。每个人的钱都大同小异。不同的是机构希望提高贷款量，私募股权基金和对冲基金希望提高手续费，相同的是它们都想调拨更多资金。所以，如果你想存放更多资金——也就是说，让人们找你，而不是你的竞争对手来融资——那么你必须让自己的钱更"便宜"。

降低价格的一种方法是降低你的贷款利率。稍微巧妙一点儿的方法是同意为你购买的东西付出更高的价格，例如以更高的市盈率买入普通股，或者在收购公司时付出更高的总成交价。无论你用任何方法削减成本，你都要做好预期收益更低的准备。

《奔向谷底》，2007 年 2 月 17 日

在这一危险时期，投资者可能已经观察到并且需要警惕的一个趋势是，市场对我之前所形容的“银弹”或者“必胜投资”的态度从怀疑到轻信的转变。善于思考的投资者可能注意到，人们对“银弹”的欲望越来越强烈，意味着贪婪已经战胜恐惧，标志着一个无怀疑市场（因此是高风险市场）的形成。

在过去 10 年里，对冲基金特别是那些所谓的“绝对收益”基金被视为是绝对安全的。这些多（空）基金或套利基金不会通过“定向”投资市场趋势来追求高额收益。而且，无论市场涨跌，基金经理凭借自己的能力或技术，都能获得 8% 到 11% 的稳定收益。

很少有人意识到，稳定获取这一水平的收益是一个多么非凡的成就——简直好到不像真的（注：这正是伯纳德 · 麦道夫所声称的收益范围）。很少有人怀疑有多少基金经理具备足够的能力创造这一奇迹，特别是在大幅削减管理费和绩效费之后；他们能够管理的资金有多少；那些下注在微小统计差异上的高杠杆投资遭遇逆境时将会怎样。（在艰难的 2008 年，基金的平均损失约为 18%，表明“绝对收益”这一短语被滥用和误用了。）

正如在第 6 章详细讨论的一样，在那个时候我们听到的说法是，通过证券化、分级、预售、脱媒化和脱钩等新兴手段，风险已经被消除了。在这里特别值得注意的是分级。分级指的是把投资组合的价值和现金流分配到不同级别的利益相关者身上。最高层级持有者有优先清偿权，因此，他们享有最高安全并接受相对较低的收益。最低层级持有者是“第一损失”债权人，作为承担高风险的补偿，在清偿优先级债权人的固定索偿后，他们享有剩余部分所带来的高收益潜力。

在 2004~2007 年出现了一个概念：如果你将风险切分成较小的部分，然后把它们卖给最适合持有的投资者，风险就消失了。这听起来很神奇。然而，不巧的是，许多最可怕的崩溃正是从被人们寄予厚望的分级证券化而起的：

投资恰恰毫无神奇可言。

绝对收益基金、低成本杠杆、无风险房地产投资和分级债务工具风靡一时。当然，它们的所有错误都在 2007 年 8 月开始清晰起来。事实证明，风险并没有被分散，反而被投资者的信任过度和怀疑不足推高了。

2004 年到 2007 年中期这段时间，为投资者提供了一个降低风险、取得优异表现的绝佳时期，只要他们足够敏锐地认识到未来将要发生什么并有足够的信心采取行动。你真正要做的是在市场过热时测量市场温度，并在它持续升温时离场。我们在第 11 章里讨论过遵守逆向投资原则的典型例子。已经削减了风险并在危机发生前做好准备的逆向投资者们在 2008 年的崩溃中损失得更少，并且有从崩溃带来的大特价中获利的机会。

~

很少有战略战术决策不受周围环境影响的领域。我们踩油门的力度取决于道路是空旷还是拥挤。高尔夫球手根据气流选择球杆。人们根据天气变化选择外套。投资行为难道不应受投资环境的影响？

很多人根据他们对未来的预测努力调整自己的投资组合。但同时大多数人必须承认，未来的能见度并不是很高。这就是为什么我强调要顺应当前现实及其影响，不要寄希望于明确的未来。

《就是这样》，2006 年 3 月 27 日

~

小人物的市场评估指导：

这里有一个简单的练习，可以帮助你测量未来市场的温度。我列出了一些市场特性。从任意一对词语中选出一个你认为最能贴切地描述当

前状况的。如果你发现你的标记大部分在左侧栏里，那你就要像我一样，看紧自己的钱包。

经济	活跃	呆滞
前景	积极	消极
贷款人	急切	谨慎
资本市场	宽松	紧缩
资本	充足	短缺
条款	宽松	严格
利率	低	高
利差	窄	宽
投资者	乐观 自信 渴望买入	悲观 担忧 丧失购买兴趣
资产持有人	乐于持有	急于出手
卖家	少	多
市场	拥挤	急需关注
基金	申购门槛高 每天都有新基金 普通合伙人全权管控	对所有人开放 只有最好的才能募集到资金 有限合伙人有议价能力
近期表现	强	弱
资产价格	高	低
预期的回报	低	高
风险	高	低
人群特征	积极进取 广泛投资	谨慎守纪 有选择地投资

《就是这样》，2006年3月27日

克里斯托弗·戴维斯：如果可以用这个表格进行测量，其效用会更加显著。例如，以1~5为等级来进行分类，并在必要的地方使用“是/否”。通过这些修改，这个表格就是一个很不错的指南。

乔尔·格林布拉特：这个表格棒极了，也是一个很好的练习。

保罗·约翰逊：我强烈地感觉到，投资者通过一年浏览两次这个表格，就能密切关注市场钟摆的摇摆动向。在第一个10年之后，投资者从这个表格体现出的市场历史动向中获得丰富的数据。真希望我在10年前就有这样一个表格！

市场在周期性运动，有涨有跌。钟摆在不断摆动，极少停留在弧线的中点。这是危险，还是机遇？投资者该如何应对？我的回答很简单：努力了解我们身边所发生的事情，并以此指导我们的行动。

第 16 章
重视运气

每隔一段时间，就会有一个在不可能或不明朗的结果上下了高风险赌注的人，结果他看起来像一个天才。但我们应该认识到，他之所以能够成功，靠的是运气和勇气，而不是技能。

投资领域并不是一个可以预见未来、特定行为总能产生特定结果的有秩序有逻辑的地方。事实上，投资在很大程度上受运气支配。有些人喜欢把它叫作“偶然性”或“随机性”，这些词听起来的确比“运气”更加高深。但归根结底它们都是同一件事：我们作为投资者所取得的成功深受偶然因素的影响。

保罗·约翰逊：对于我而言，本章的主题是这样的：学着诚实地对待你自己的成功和失败。学着认识运气在获得结果的过程中所扮演的角色。学着发现结果是怎么得来的——这与技能有关，也离不开运气。直到学会识别成功真正的源泉何在，一个人才能免于被不确定性愚弄。

为了阐明运气的概念，在本章中我要阐述纳西姆·尼古拉斯·塔勒布在《随机漫步的傻瓜》一书中表达的某些思想。我的某些观点产生于看塔勒布的书之前，但是塔勒布在他的书里把所有观点都串到了一起，并且增添了新的内容。我认为这是投资者要看的最重要的书之一。我在2002年写下名为“收益及其获得方法”的备忘录时，借鉴了塔勒布的某些思想，其中包括节选了《随机漫步的傻瓜》的内容，在备忘录中以斜体标出。

保罗·约翰逊：我也是塔勒布的忠实读者，本章中会有很多来自塔勒布的精辟见解。我特别喜欢塔勒布关于“未然历史”的概念，而马克斯则出色地将这一概念融汇到了他的投资哲学中。

随机性（或者运气）对结果起着巨大的作用，应区别对待随机事件与非随机事件带来的结果。

因此，在评判投资结果是否具有可重复性时，我们必须考虑随机性对投资经理的表现的影响，必须考虑他们的业绩靠的是技能还是单纯的运气。

玩俄罗斯转盘赚来的1 000万美元，其价值不同于靠辛勤努力和娴熟的牙医技术赚来的1 000万美元。两者的金额相同，能买相同的东西，但前者的随机成分比后者高。对会计师来说，它们完全相同……不过在内心深处，我总觉得它们的性质很不一样。

考察投资业绩时，应参考其他可能的结果——塔勒布称之为“未然历史”——像“有形历史”一样容易发生的历史。

很明显，我判断事物的方式在本质上是概率论，它的依据是什么都有可能发生……

如果我们听说过历史上最伟大的将领或者发明家，不外乎是因为他们承担了极大的风险（像成千上万人那样），然后碰巧成功了。他们聪明、

无畏、高尚（有时），有着在他们那个时代所能获得的最高素养——但成千上万的其他人注定只能成为陈腐的时代注脚。

有时候每隔一段时间，就会有一个在不可能或不明朗的结果上下了高风险赌注的人，结果他看起来像一个天才。但我们应该认识到，他之所以能够成功，靠的是运气和勇气，而不是技能。

想想同时掷出两个6点才能取胜、胜率是1/36的十五子棋玩家。选手接过色子加倍下注，然后赚到他的大篷车。这也许不是一个明智的赌博，但是因为他赢了，所以人人都认为他很聪明。我们应该想一想同时掷出两个6点以外的其他情况发生的可能性，从而了解玩家取胜是多么幸运。这足以显示玩家再次取胜的可能性……

短期来看，很多投资之所以成功，只是因为在对的时间做了对的事情。我一直在说，成功的关键在于进取精神、时机和技能，而某些在对的时间有足够进取精神的人不需要太多技能。

在市场的任一时间点，获利最多的交易者往往是最适合最新周期的人。这种情况很少发生在牙医或钢琴家身上——因为这是随机性的本质使然。

可以通过一个简单的方法领会这一点：在繁荣期，承担最高风险的人往往能够获得最高收益，但这并不意味着他们就是最好的投资者。

沃伦·巴菲特在《聪明的投资者》第四版的附录中，描述了一场2.25亿美国人每人每天拿出1美元来参加的掷硬币比赛。第一天，猜对的一方从猜错的一方手中赢得1美元，第二天继续猜，依次类推。10天后，有22万人连续猜对10次，赢了1 000美元。“他们可能尽量表现得十分谦虚，但在鸡尾酒会上，为了吸引异性的好感，他们偶尔会吹嘘自己在猜硬币上如何技术高超，天才过人。”又过了10天，连续猜对20次的人减少到215位，每人赢得100万美元。他们很可能会写一本名为“我如何每天早上工作30秒就在20天里用1美元赚到100万美元”的书，然后开研讨班卖票。这听上去很熟悉吧？

由此可见，很少有人充分意识到随机性对于投资业绩的贡献（或破坏）。因此，迄今为止所有成功策略背后所潜伏的危险常常都被低估了。

摘录塔勒布书中的表格来总结他的观点或许是一个好办法。他在第一列里列出了一些容易被误以为是第二列的东西。

运气	*技能*
随机论	*决定论*
可能性	*必然性*
想法，假说	*知识，真理*
理论	*现实*
逸事，巧合	*因果，法则*
生存偏差	*市场优异表现*
幸运的傻瓜	*专业的投资者*

这种二分法实在太聪明了。我们都知道，在成功的时候，运气看起来像技能，巧合看起来像因果。“幸运的傻瓜”看起来像专业的投资者。当然，即使知道随机性的影响，区分幸运的傻瓜和专业的投资者也并不容易，但是我们必须努力地区分。

塞思·卡拉曼：这就是为什么有必要不去注意投资者的投资纪录，但是需要注意他们是如何实现这些纪录的。这有用吗？这可以被复制吗？为什么没有尽力去避免任何表面上的市场无效性，并推动投资走向成功呢？

我发现我基本上完全认同塔勒布的重要观点。

- 投资者永远因为“错误的原因”而对（或错）：有些人因为预期某种股票会有一定的发展而买进股票，但预料中的发展并没有出现；无论如何，市场推高了股价，投资者沾沾自喜（并接受赞美）。
- 决策的正确性无法通过结果来判断，然而人们就是这么做的。好决策指的是当时的最佳决策，而根据定义，此时的未来还是未知数。因此，正确的决策往往是不成功的，反之亦然。
- 短期来看，随机性自身就可能产生任何结果。在一个允许充分反映市场走势的投资组合里，市场走势能够轻而易举地令有技能（或没技能）的投资经理毫无用武之地。不过，市场走势所带来的结果肯定不能记在投资经理头上（除非他是罕见的市场择机者，有反复成功的能力）。
- 由于上述原因，一些投资者往往能得到他们不应得到的荣誉。一次意外的成功足以建立良好的声誉，但显然，一次意外的成功有可能来自单一的随机性因素。在这些“天才”中，很少有人能够连续成功两次或三次。
- 因此，在判断投资经理的能力时，大量的观测数据——多年数据——是必不可少的。

《收益及其获得方法》，2002年11月11日

塔勒布的“未然历史”（既往有可能发生的其他情况）思想很有吸引力，特别适用于投资。

多数人承认未来充满不确定性，而他们认为至少过去是已知并且确定的。毕竟，过去已成历史，是绝对的、不可更改的。但是塔勒布指出，已发生事件只是可发生事件中的一小部分。因此，计划或者行动已经奏效的事实，并不一定证明其背后的决策是明智的。

也许最终导致决策成功的是一个完全不可能的、纯粹靠运气的事件。在这种情况下，决策——即使已被证实是成功的——也有可能是不明智的，决策的失误会被既往可能发生的诸多其他历史所证实。

应该怎样评价为高度不确定的结果下注，并最终幸运地获得了成功的决策者？这是一个值得我们深思的问题。

我记得，自 1963 年进入沃顿商学院后，我最早学到的一件事是，决策的质量并不取决于结果。随后发生的事件导致决策成功或不成功，而这些事件往往出人意料。塔勒布的书有力地佐证了这一观点，他特别强调随机事件惩善扬恶的能力。

什么是好决策？假设有一个人决定在迈阿密建一个滑雪胜地。三个月后，一场罕见的寒流席卷南佛罗里达，积雪深达 12 英尺。滑雪场在第一季获利丰厚。这是否意味着建立滑雪场就是一个好决策呢？并非如此。

好的决策本应是有逻辑、有智慧、有见地的人在条件出现之时、结果出现之前做出的。以这一标准来衡量，迈阿密滑雪胜地就是一个愚蠢的决策。

由于具有损失风险，许多影响决策正确性的事件是无法预知或量化的。即使在事后，也很难确定谁是在可靠分析的基础上做出了好的决策却遭遇罕见事件而失败，谁又是因冒险而获利。因此，很难判断谁做出了最好的决策。另一方面，过去的收益很容易评估，因此很容易知道谁做出了最有利的决策。二者很容易混淆，但是聪明的投资者必须意识到其中的差异。

霍华德·马克斯：害怕看错：尽管这是违反直觉的，但是却十分重要：它考虑到了投资环境具有的随机性和多样性，的确如此，好的决策往往会不起作用，而糟糕的决策却会屡屡奏效。特别是，投资者总是“吸引错误的决策”（反之亦然）。你不能让自己为此而沮丧，也不能认为心目中的好的决策都是错误的（除非，有许多的错误让你不得不反思）。

长期来看，好的决策一定会带来投资收益。然而在短期内，当好的决策无法带来投资收益的时候，我们必须忍耐。

保罗·约翰逊：我喜欢这个观点。哦，这实在是太真实了！

第14章所描述的“我知道”学派的投资者认为预知未来是有可能的，因此他们构想出未来的样子，并在此基础上以收益最大化为目的建立投资组合，很大程度上无视其他可能性的存在。相反，“我不知道”学派采取局部最优法，把重心置于建立在他们认为可能的情况下表现良好、在其他情况下表现不会太差的投资组合上。

“我知道”学派的投资者预测色子的走向，成功时归功于自己对未来的敏锐感觉，失败时归咎于运气不好。当他们正确时，必须要问的一个问题是：“他们真的能预见未来吗？抑或不能？”“我不知道”学派的投资者采用的是概率论法，所以他们知道投资结果在很大程度上是听天由命的，所以对投资者的赞扬或指责应有适当的限度——特别是在短期内。

“我知道”学派根据一两次掷色子的结果，迅速而肯定地将其成员划分为胜利者和失败者。“我不知道”学派知道，他们的技术应根据多次而不是一次结果（可能是一个罕见结果）来判断。因此，他们能够接受自己谨慎的局部最优法在短期内业绩平平的结果，但是他们相信，优秀投资者一定会日久见真章。

短期收益和短期损失可能都是假象，二者都不是真实的投资能力的必然指标。

保罗·约翰逊：这是一条重要的界线。不知有多少投资者都在这个错误上栽了跟头？

出奇好的收益往往是出奇坏的收益的另一面。某一年的好收益可能会夸大投资经理的能力，掩盖他所承担的风险。当坏年景紧跟在好年景后面出现时，就会出现令人吃惊的结果。投资者往往会忽视短期收益和短期损失可能都是假象的事实，忽视深度挖掘并理解造成短期收益和短期损失的原因的重要性。

投资表现是事件发生后投资组合的状态。人们高度关注最后的结果，但他们更应该问的问题是，投资经理真的能够理解已经发生的事件（以及其他有可能但未发生的事件）吗？如果发生其他可能的事件，其表现会怎样？所谓的其他事件，就是塔勒布的“未然历史”。

《杂草》，2006 年 12 月 7 日

乔尔·格林布拉特：在 21 世纪第一个 10 年中，表现最好的共同基

金每年有18%的收益。同期投资者平均每年损失8%。投资流向往往伴随着“上涨”，优异的业绩和投资外流则与损失和新股偏弱有关。显然，大多数投资者在做出决策时，很少会运用“长线”评估策略。

塔勒布的思想新颖且引人入胜。一旦你意识到随机性对投资结果的影响的深刻程度，你就会以一种完全不同的视角来看待一切。

“我知道”学派的行动建立在未来是可知可控的唯一未来的观点之上。“我不知道”学派认为未来事件是呈概率分布的。这是一个很大的区别。在后一种情况下，我们可能会对哪种结果最有可能发生有一定的认识，但是同时我们知道，还有许多其他的可能性，并且其他结果的共同可能性可能比我们认为最可能的结果的可能性高得多。

霍华德 · 马克斯：理解不确定性：有人认为未来是可知的（他们能够知道）——他们属于“我知道”学派。他们忽略不确定性的表现，如果决策正确则能赢利，但也将自己置于一旦发生失误便极有可能遭受损失的危险中。因此一旦意识到了这一点，所有的投资者都有必要检查自己是否知行合适。

显然，塔勒布的“世界是不确定的”这一观点与我的观点十分相符。我的投资信仰和投资建议均来自这一思想学派。

- 我们应将时间用在从可知的行业、企业和证券中发现价值上，而不应将决策建立在对更加不可知的宏观经济和大盘表现的猜测上。
- 考虑到我们不能确切地预知未来，我们必须通过坚定持股、分析性认识持股、在时机不佳时减少买入等途径来保持我们的价值优势。
- 因为大多数结果可能会对我们不利，所以我们必须进行防御性投资。在不利结果下确保生存比在有利结果下确保收益最大化更为重要。
- 为了提高成功机会，我们必须在市场极端情况下采取与群体相反的行动：在市场低迷时积极进取，在市场繁荣时小心谨慎。
- 考虑到结果的高度不确定性，我们必须以怀疑的眼光看待投资策略及其结果——无论好坏——直至它们通过大规模试验的验证。

克里斯托弗·戴维斯：这是一个非常好的总结。

与对世界不确定的认识相伴而行的其他表现为：适度尊重风险，知道未来不能预知，明白未来是呈概率分布的并相应地进行投资，坚持防御性投资，强调避免错误的重要性。在我看来，这就是有关聪明投资的一切。

乔尔·格林布拉特：对于优秀的投资者而言，随着时间的推进，使得他们有了更多的机会去演练自己的技能，长线投资回归可能造成的破坏性概率也会有所缩减。

第 17 章

多元化投资

有老投资者，有大胆的投资者，但没有大胆的老投资者。

乔尔 · 格林布拉特：对于经验老到的飞行员和大胆冒失的飞行员而言，这个方法能起到事半功倍之效。

每当朋友们向我咨询投资建议时，我总是先设法了解他们对待风险与收益的态度。没有指定要求泛泛地咨询投资建议，就像问医生要好药却不告诉他你哪里不舒服一样。

于是我问："赚钱与避损，你更在乎哪一个？"答案总是一成不变：都在乎。

问题是你不可能将精力同时放在获取收益和避免损失上。每一位投资者都必须在这两个目标中做出选择，通常要在两者之间进行合理的平衡。决策必须是谨慎而理智的。本章所讲的就是有关选择的问题……以及我的建议。

从进攻与防守层面入手是理解决策的最好方法之一，以体育运动来类比则是理解进攻与防守的最好的方法之一。

我要引用查尔斯 · 艾利斯 1975 年发表在《金融分析师》杂志上的一篇名

为“输家的游戏”的精彩文章，来奠定本次讨论的基础。这可能是我最早接触到的投资与体育之间的直接类比，对我今后注重防御性投资产生了巨大的影响。

查尔斯的文章中描述了西蒙 · 拉莫博士（TRW公司创始人之一。TRW公司是一家多种经营企业集团，产品范围从汽车零部件到信用报告服务等）在《网球庸手的高超打法》一书中关于网球运动的精辟分析。拉莫指出，专业网球比赛是一场“赢家的游戏”，打出最多制胜球（令对手无法还击的快速而精准的击球）的选手赢得比赛。

在对手的不断进攻下，专业球员几乎在任何时候都能随心所欲地击球：或扣或吊，或高或低，或左或右，或平或旋。某些在业余比赛中有挑战性的东西，如低弹球，风速与风向，刺眼的太阳，速度、耐力与技巧不足，或者对手打出你接不着的球等，对专业球员完全够不上干扰。专业球员几乎可以接到对手的所有击球并且能够随心所欲地控制自己的击球。事实上，专业运动员的发挥相当稳定，极少失误，以至于网球统计员会统计相对罕见的每一次“非受迫性失误”。

但是，其他人玩的就是“输家的游戏”了，输球最少的选手则赢得比赛。胜利者只需在失败者击球落网或出界前连续回球即可。换句话说，决定业余网球比赛结果的，不是赢，而是输。我从拉莫的避险策略中认识到了自己的打法。

查尔斯 · 艾利斯进一步将拉莫的观点发扬光大，把它应用到了投资上。他认为市场是有效的，交易成本是高昂的，并由此得出结论：在主流股票市场中主动得分对投资者未必有好处。相反，投资者应该尽量避免输球。我认为这是一个十分引人入胜的投资观点。

选择进攻还是防守，应从投资者对自己的掌控能力的认识出发。在我看来，投资中包含许多投资者无法控制的因素。

专业球员知道，每当他们的脚、躯干、手臂、球拍分别做出A、B、C、D动作，球就会正好打出E，整个过程中很少有变数。但是投资充满了低弹球和意料之外的发展，而且场地大小和球网高度随时都在改变。经济与市场的运作方式模糊而多变，其他参与者的思想和行为也在不断改变着投资环境。即使你做得都对，你最喜欢的股票也可能乏人问津，管理层可能会浪费公司的机会，政府可能会改变政策，就连自然都有可能呈上一场灾难。

诸多条件尽在掌控，专业球员确实应该并且最好去主动得分，因为如果他们送出机会球，对手就会打出制胜球得分。相比之下，投资结果只有部分在投资者的掌握之中，投资者无须高难度击球，就可以得到不错的收益并拖垮对手。

总而言之，即使经验丰富的投资者都可能打出失误球，击球过于主动更容易输掉比赛。因此，防守——重点在于避免错误——是每一场伟大的投资游戏的重要组成部分。

我喜欢投资里的很多东西，其中大部分也适用于体育。

- 它具有竞争性——有人赢，有人输，界限分明。
- 它是定量的——你可以见到黑白分明的结果。
- 它是一种能力主义——长期来看，更好的收益总是被杰出的投资者获得。
- 它具有团队精神——有效的团队可以比单个人取得更好的业绩。
- 它带给人满足和愉悦——当然主要是在你赢的时候。

这些优点使投资成为一项值得参与的有意义的活动。但投资就像运动一样，也有弊端。

- 积极进取能够获得额外收益，但长期效果并不明显。
- 业绩不佳令人沮丧。
- 短期成功导致人们普遍轻视应有的耐性和业绩的稳定性。

总而言之，我认为投资和运动非常相似，它们对决策的要求也很相似。

以美式橄榄球比赛为例。进攻组球员拿到球。他们有 4 次机会带球推进 10 码，否则裁判就会吹哨，停止计时。然后进攻组球员下场，阻止对手前进的防守组球员上场。

橄榄球能够很好地类比你心目中的投资吗？对我来说，它是不适合的。在投资中没有人吹哨，你几乎不知道该何时从进攻转向防守，而且根本没有暂停时间。

我认为投资更像在美国以外玩的足球。在足球比赛中，同样的 11 名球员打满整场比赛。没有所谓的进攻组和防守组。场上球员均要进攻和防守……必须具有处理所有意外情况的能力。11 名球员必须都有射门得分和阻止对手得分的能力。

足球教练在带队参赛时必须决定是以进攻为主（以多进球得分并相应地控制对手少得分为目的），以防守为主（不让对方得分，同时寻找射门机会），还是攻守平衡。教练知道在比赛中他们并没有太多攻防转换机会，他们必须摆出制胜阵容并坚持到底。

这就是我对投资的看法。很少有人（如果有的话）能够顺应市场条件及时地改变策略。所以投资者应致力于一种方法——一种有望应对多种不同情况的方法。他们可能会抱着投资成功时多赚钱、投资失败时不赔钱的希望积极进取。他们可能会抱着形势好时不少赚、形势不好时少赔钱的希望，以防御为重。或者他们可能会平衡攻守，不再关注时机选择，而是选择出色的证券，在牛市和熊市中都赚钱。

显然，橡树资本管理公司青睐的是防御型投资。在繁荣期，我们认为只要能跟上大盘表现就好（在市场最火的时候甚至可能还会落后一点儿）。但在投资庸手都能赚大钱的繁荣期，我怀疑很多投资经理会因为表现平平而被炒。

塞思 · 卡拉曼：马克斯和他的伙伴们宁愿放弃一部分抱有不切实际的期待的客户，以及那些不在乎且不适应橡树资本管理公司的投资哲学的客户。最终，橡树资本管理公司管理的是持续稳定的资本，他们的方法也有着相当大的吸引力，因此理所应当会受到世界各地众多投资者的欢迎。

橡树资本管理公司关于投资组合的设计以在衰退期超越市场表现为目的，这才是我们认为最有必要的。很明显，如果我们能够在繁荣期跟上市场表现，并在衰退期超越市场表现，那么在整个市场周期中，我们就会以低于平均水平的波动取得高于平均水平的业绩，我们的客户也会在别人痛苦时享受快乐。

《你的游戏策略是什么》，2003 年 9 月 5 日

对你来说，得分和阻止你的对手得分，哪一个更重要？在投资中，你是去争取制胜投资，还是尽力避免致败投资？（或者更恰当的问法是：你会如何平衡二者？）欠缺考虑的行动会带来巨大的危险。

还要补充的一点是，攻守选择没有对错之分。条条大路通罗马，你的决策必须基于你的性格与学识、你对自己能力的信任程度、你所在的市场以及你为之工作的客户的特点。

~

投资中的进攻和防守是什么？进攻很好定义，它指的是为追求高额收益而采用积极进取策略并承担较高风险。但什么是防守呢？防御型投资者关注的不是做对，而是避免做错。

做对和避免做错之间有没有区别？表面上它们看起来很像，但深入来看，它们所需的思维模式有很大的不同，由此带来的投资策略也有很大的不同。

防守可能听起来和避免不良结果差不多，但它没那么消极和无为。其实可以把防守视为一种追求更高收益的努力，只不过它是通过避害而不是趋利，是通过持续稳健的进步而不是偶尔的灵光乍现。

防御型投资有两大要素。第一要素是排除投资组合中的致败因素，最好的实现方法是：广泛而尽职地调查、提高入选标准、要求低价和高错误边际（见本章后文），不要轻易下注在没有把握的持续繁荣、乐观预测和发展上。

第二要素是避开衰退期，特别要避免暴露在崩溃危机下。除了前面提到的要排除投资组合中的致败投资外，防守还需要投资组合多元化、限制总风险承担并以整体安全为重。

集中化（多元化的反义词）和杠杆是进攻的表现。当它们起效时会扩大收益，反之会增加损失；积极进取策略会导致投资结果比高点更高或比低点更低。不过，如果过度使用积极进取策略，在形势恶化时它们可能会危害投资生存。相反，防守能够提高你渡过难关的可能性，你会有足够长的时间来享受聪明的投资带来的最终回报。

乔尔·格林布拉特：这是多元化权衡的一个方面。你必须拥有足够的应变能力以应对糟糕的时期和坏运气，因此技能和策略才有机会在长线投资中获得成功。

投资者必须做好应对突发事件的准备。许多金融活动似乎都有理由取得平均业绩，但是由于结构不稳定或者过度杠杆化，它们可能在某一天给你沉重一击，令你一败涂地。

但是，真的有那么简单么？说起来简单，你应该为坏日子做好准备。但是，那会有多坏呢？最坏的情形是什么样的？你必须每天都全副武装地准备应对坏日子吗？

就像投资中的其他东西一样，这不是一个非黑即白的问题。你承担的风险取决于你想要的收益。投资组合的安全性取决于你愿意放弃多少潜在收益。没有正确答案，只有权衡。这就是为什么我要在2007年12月的备忘录中加入这样一句：在逆境中确保生存与在顺境中实现收益最大化是相矛盾的，投资者必须在两者之间做出选择。

《鸟笼》，2008年5月16日

防御型投资的关键要素是沃伦·巴菲特所谓的“安全边际”或者“错误边际”（他在使用这两个短语时似乎是不加区别的）。这是一个值得详细探讨的问题。

乔尔·格林布拉特：“安全边际”和“市场先生”这两个概念源于巴菲特参考了格雷厄姆为投资领域所做出的巨大贡献。

如果未来不出所料，那么成功的投资并非难事。如果能够准确预测到经济发展趋势、特定行业和公司的表现，如何获利并不神秘。如果未来按照你的预期发展，锁定目标进行投资就能大获成功。

但你可能会想，如果未来不能如你所愿，你该如何应对。简而言之，是什么保证了结果的可接受性（即使在未来未按预期发展的情况下）？答案就是“错误边际”。

霍华德·马克斯：理解不确定性：除去不确定性的表现不谈，许多投资者会试着选择完美的策略，希望能以此获得最大程度上的回报。但是，如果我们不知道不确定性的存在，我们会坚持一个大致的安全边际，当出现不理想的结果时，尚能使你接受。

想象一下贷款人发放贷款时的情形。如果条件不变——例如，没有经济衰退，借款人有一份稳定的工作——那么发放贷款并不困难。但是，保证贷款能够收回（即使在条件恶化时）的是什么？答案仍然是错误边际。借款人失业时，如果他有存款、可售资产或者其他收入来源，贷款收回的可能性就比较大。这些条件为贷款人提供了错误边际。

对比很简单。坚持错误边际、只贷款给有实力的借款人的贷款人，很少会经历信用损失。但是高标准会令他失去贷款机会，而这些机会将会流到对信誉要求较低的贷款人手上。只要经济环境持续乐观，积极贷款人会比保守贷款人看上去更聪明（也更能赚钱）。

塞思·卡拉曼：这使得一家银行的高级管理人员在2007年时这样评论道：“只要音乐未停，你就必须站起来翩翩起舞。”（花旗银行CEO查尔斯·普林斯，《财经时报》，2007年7月9日）经营一家公司需获得短期利润的压力，并且要与业界同行保持一致，则是当今商业文化中的一大难题。

保守贷款人的回报不过是衰退期较低的信用损失。坚持错误边际的贷款人不会享受达到制高点的乐趣，但同时可以避免最低点的痛苦。这就是发生在防御型投资者身上的一切。

克里斯托弗 · 戴维斯：这是一个复杂的类比，在我看来它是有问题的。在这种情况下，是什么诱使保守的借款人与保守的放款人有了更多的商业往来，而理智的借款人则毫无顾虑地为最低的利率寻找有才能或谨慎的放款人？

这里还有一种阐述错误边际的方法。你发现一些你认为会值100美元的东西。如果用90美元买进，你就得到一个获利的好机会，同时，如果你的推断过于乐观，也会有一定的损失概率。但是，如果你用70美元而不是90美元买进，你的损失概率就会减少。减少的这20美元为失误提供了额外的空间，同时仍然有很好的获利机会。低价是错误边际的源泉。

克里斯托弗 · 戴维斯：同样的，时间也能化险为夷。

因此选择很简单：设法通过积极进取策略将收益最大化，或者通过错误边际来建立保护。你不能在两方面同时做到极致。你会选择进攻、防守，还是兼顾（如果是兼顾，二者之间的比例如何）？

在获取高额收益和避免损失这两种投资方法中，我认为后者更为可靠。获利通常取决于对未来事件的正确判断，而将损失最小化只需有形资产价值已知、大众预期稳健并且资产价格较低即可。经验告诉我，后者也许更具可持续性。

必须在获利和减少风险之间——进攻和防守之间——取得平衡。在我当投资组合经理之初，我做的是固定收益投资，收益是有限的，投资经理最大的贡献是规避损失。由于上涨是“固定”的，唯一的波动来自下跌，因此关键就是避免下跌时的波动。所以，你是不是一名债券投资者，不在于你持有哪些赚钱的债券，而在于你是否有能力把不赚钱的债券排除在外。在格雷厄姆和多德看来，这种以排除为主的固定收益投资是一门“否定的艺术”。

另一方面，在普通股和其他更注重上涨的领域，仅仅规避损失是不够的，必须同时要有获利潜力。尽管固定收益投资者在很大程度上可以只进行防御型投资，但是要想超越固定收益投资——通常以追求更高收益为目的——就必须在攻守之间做出平衡。

关键是平衡。投资者除了防守外，还需要进攻，但这并不意味着他们无须重视二者的比重。投资者如果想获取更高收益，通常要承担更多的不确定性——更多的风险。投资者如果想得到高于债券收益的收益，他们就不可能单纯靠规避损失来达到目的。一定的进攻是需要的，随之而来的就是不确定性的提高。选择怎样的投资方式，需要谨慎而明智地做出决策。

橡树资本管理公司的投资建立在防御而不是其他基础上。（但我们并不排除进攻。我们从事的投资并非都是“否定的艺术”。如果不愿意同时考虑涨势和跌势，我们就不可能成功地投资可转换债券、不良债务或者房地产。）

乔尔·格林布拉特：投资者考虑的是风险与赢利之间的张力，这些都与各自的可能性有关。有一个方法会使风险与赢利之间的不对称性最大化，并确定你的最小风险。我在别处曾经提到过：如果你在一项投资中最小化损失的可能性，大多数其他的选择则会是不错的。

第17章

多元化投资

投资是一个充满雄性激素的世界，太多人自我感觉良好，认为只要打出“本垒打”就能赚到大钱。问问“我知道”学派的投资者们，是什么令他们自我感觉良好，你就会听到他们说自己曾经打出多少记“本垒打”，当前的投资组合里又在酝酿着多少记“本垒打”。然而，有多少人提到过持续性，或者告诉你他在最差的时候也表现得不错呢？

在过去35年里，我注意到的最奇怪的事情之一便是，最优秀的投资者的投资生涯都非常短暂。虽然不像专业运动员的运动生涯那么短暂，但也远远短于在无损健康的行业中应持续的时间。

我最初管理高收益债券的25年或30年之前的那些领先者们现在在哪里？几乎所有人在业内都不再突出。更令人惊讶的是，15年或20年前最杰出的不良债务投资者现在竟无一人依然保持领先。

他们都去哪儿了？许多人因组织缺陷导致投资策略无以为继而消失。其他人本想击出“本垒打”却因被“三振出局”而消失。

克里斯托弗·戴维斯：在股市中，你可以大胆冒进。不过，你也可以隐藏在被认为是安全的投资中，因而得以避免麻烦。

这令我想起一个悖论：我认为许多投资经理的职业生涯之所以终结，不是因为他们打不出“本垒打”，而是因为他们被“三振出局”的次数太多——不是因为他们的制胜球不够，而是因为他们的失误球太多。但是，许多投资经理仍在前赴后继地追求“本垒打”。

保罗·约翰逊：我相信马克斯的论断是正确的，它为许多投资经理在商业活动中保驾护航，而他们自己的投资方法则走了不少弯路。

- 他们在自认为有制胜想法或对未来的正确看法时下注过大，投资组合过于集中而不是多元化。
- 由于经常改变持股或者试图预测市场时机，他们承担了过高的交易成本。
- 他们给投资组合的定位是在顺境中获取收益，而不是确保在误判或打出失误球后得以幸存。

相反，在橡树资本管理公司，我们坚定地认为“避免致败投资，制胜投资自然会来”。这是我们最初的也是永远的信条。我们追求安打率，而不是“本垒打”。我们知道其他人会因为巨大的胜利和辉煌的赛季成绩而占据头条，但是，我们希望自己能以令客户满意的持之以恒的良好表现坚持到最后。

《你的游戏策略是什么》，2003 年 9 月 5 日

图 5.1 和图 5.2 显示了风险与收益的关系（见第 5 章）。当然，这两幅图的区别在于，前者没有显示出承担新增风险所包含的巨大的不确定性，而后者却可以。正如图 5.2 表明的，高风险投资的结果分布范围更广，既包括损失的可能性，也包括预期的收益。

进攻——通过风险承担争取制胜投资——是一个高强度活动。它可能会带给你追求的收益……也可能带来失望。还要考虑其他因素：你捕鱼所在的水域的挑战性越大、潜在收益越大，越有可能吸引经验丰富的渔夫。除非你掌握的技术令你具备充分的竞争力，否则你极有可能成为牺牲者而不是胜利者。在不具备必需的竞争力的情况下，一定不要主动进攻、承担风险以及碰触有技术挑战性的领域。

除了专业技术，积极进取型投资也需要有勇气、有耐心的客户（如果你是投资经理）和可靠的资本。当形势不利时，你需要这些因素支撑你渡过难

关。投资决策可能具有取得长期或平均业绩的潜力，但是如果没有这些因素的支撑，积极进取型投资者可能不会看到长期结果的到来。

管理高风险投资组合就像一场没有护网的高空钢丝表演。成功的回报可能会很高，你会赢得惊呼与赞叹，但是失误也会置你于死地。

> 追求卓越表现的重点是敢于伟大……毫无疑问，投资者最重要、最基础的决策之一，是决定投资组合应承担多大的风险。应如何多元化、规避损失和确保不低于平均表现？为了追求更高的收益，你要做出什么程度的牺牲？
>
> 我从我喜欢的幸运饼干里学到了很多：谨慎很少出错，也写不出伟大的诗歌。它涉及到发人深省的两个方面：谨慎能帮助我们避免错误，但它也会阻止我们取得伟大的成就。
>
> 就个人而言，我喜欢资金经理保持谨慎。我相信在许多情况下，避免损失和衰退比重复成功更容易，因此风险控制更有可能为长期优异表现打下坚实的基础。据我所知，最好的投资者具备以下特征：敬畏投资，要求物有所值和高错误边际，知所不知，知所不能。
>
> 《敢于伟大》，2006年9月7日

保罗·约翰逊：所有投资者都应该留意这条建议。

就像本书中的诸多决策一样，攻守抉择并不简单。以一个伤脑筋的难题为例：很多人似乎不愿全力以赴去做任何事（如买进某只股票、限定资产类别或委托投资经理投资），因为如果行动不能奏效，就会严重损害他们最终的结果。但是，为了保证事情成功时带来高额收益，你不得不全力以赴地去完成它，因为失败的行动有可能导致重大失利。

霍华德 · 马克斯：害怕看错：这种两难处境表现了害怕看错是如何影响判断起效的，也体现了如果你十分担心表现，则很难成为成功的投资者。投资委员会往往由于一个简单的原因就会表现得“制度化”，而且难以承受因看错而带来的后果。但是，盈亏底线是简单且绝对的：如果你十分抗拒犯错，你绝不会适应孤独——这伴随着严格意义上的成功的逆向投资。

在投资中，几乎所有东西都是双刃剑。选择承担更高风险、以集中化代替多元化、利用杠杆放大收益都各有利弊。唯一的例外是个人技术。至于其他东西，有效就有益而无效就有害。正因如此，攻守抉择既重要又具有挑战性。

很多人将攻守决策视为在勇往直前和故步自封之间的选择。然而，在善于思考的投资者看来，防守能取得较好的稳定收益，而进攻往往承载着过多无法实现的梦想。就我来说，我的选择是防守。

防御型投资会令你错过热门并且越来越热门的东西，它会让你在一次次跑向本垒板的过程中无所事事。你可能比其他投资者打出更少的本垒打……但是，你被三振出局或双杀出局的可能性也会更少。

防御型投资听起来很高深，不过我可以将它简化为：敬畏投资！担心损失的可能性。担心有自己不知道的东西。担心自己虽能做出高质量的决策，但仍会遭受厄运和突发事件的打击。敬畏投资能避免自大，令你保持警惕和大脑活跃；能令你坚持充足的安全边际，提高投资组合应对恶劣形势的能力。如果不犯错误，制胜投资自然会来。

《最重要的事》，2003 年 7 月 1 日

保罗·约翰逊：我喜欢这条评论。我见过少数投资者：他们进行投资时会恐惧、有所期待，当然这发生在整体市场出现波动时。但是，即使是在那些时候，他们也并未害怕进行投资——不过，这实在是太令人恐惧了，他们于是不再进行投资。

第 18 章

避免错误

投资者几乎无须做对什么事，他只需能够避免犯重大错误。

沃伦 · 巴菲特

保罗 · 约翰逊：援引巴菲特的这句话足以说明一切。

在我看来，设法避免损失比争取伟大的成功更加重要。后者有时会实现，但偶尔失败可能会导致严重的后果。前者可能是我们可以更经常做的，并且更可靠……失败的结果也更容易接受。当投资组合风险过高时，向下的波动会令你失去信心或低价抛售。当投资组合风险过低时，会令你在牛市中表现不佳，但从未有人因此而失败，这并不是最悲惨的命运。

为了避免损失，我们需要了解并避免导致损失的错误。我会在本章中把在前面讨论过的关键问题汇总在一起，希望能够通过集中强调这些问题，帮助投资者对错误保持更高的警惕。我们以了解多种错误的存在并认清它们的样子作为出发点。

我认为错误原因主要是分析/思维性的，或心理/情感性的。前者很简单：

我们收集的信息太少或不准确。或许我们采用了错误的分析过程，导致计算错误或遗漏了计算步骤。这一类错误不胜枚举，不过，本书更关注理念和心态而不是分析过程。

不过，有一种分析性错误是我想花些时间来探讨的，我称之为“想象无能”。用来表示既想象不到所有的可能结果，也无法完全理解极端事件的结果的情况。我会在后文详细阐述这个问题。

克里斯托弗·戴维斯：换言之，量化产生的错误会对抗判断造成的失误。

有很多导致错误的心理/情感因素已经在前面的章节中探讨过了：贪婪和恐惧，自愿终止怀疑和怀疑，自负和嫉妒，通过风险承担追求高额收益，高估自己的预测能力的倾向。这些因素助长了繁荣和崩溃的发生，而大多数投资者都参与其中，采取着完全错误的行动。

另一个重要的错误——很大程度上是心理因素，但是它重要到值得单独归类——是没有正确认识到市场周期和市场的狂热，并选择了错误的方向。周期和趋势的极端不常发生，因此这不是一个常见的错误原因，但是它会导致重大错误的发生。群体心理强迫个人依从和屈服的力量几乎是不可抗拒的，也是投资者必须抵制的。这些错误同样已经在前文中讨论过了。

“想象无能”——无法提前理解结果的多样性——特别有意思，它对许多方面造成影响。

如前所述，投资完全就是应对未来。为了投资，我们必须持有对未来的看法。一般来说，除了假定它会与过去十分相似之外，我们几乎别无选择。

因此，很少有人会说："过去50年的美股平均市盈率是15，我预测在未来几年它会变成10（或20）。"

因此，大多数投资者是根据既往——尤其是近期发生的事——推断未来。为什么是近期？第一，许多重要的金融现象的周期较长，意味着在下一轮周期重现之前，那些经历过极端事件的人往往已经退休或死亡。第二，正如约翰·肯尼斯·加尔布雷思所说，金融记忆往往极其短暂。第三，所有曾经的记忆往往都会被最新的热门投资和那些轻松赚钱的承诺抹除。

在大多数时候未来确实与过去相似，因此这样的推断没有任何害处。但是在重要的转折时刻，当未来与过去不再相似的时候，推断会失效，你要么损失惨重，要么赚不到钱。

因此，回顾一下布鲁斯·纽伯格对概率和结果的差异的精辟见解是很有必要的。意料之外的事情会发生，短期结果可能偏离长期概率，事件可以聚集。以掷色子为例，同时掷出两个6点的概率是1/36，但这样的结果可能会连续出现5次而在接下来175次中都不再出现——长期来看，它发生的可能性与其概率是一样的。

认定"一定"会发生的事却没有发生，会令你痛苦不堪。即使你正确地理解了基本概率分布，你也不能指望事情会按照预期的方向发展。成功的投资不应过分依赖聚集分布的正常结果，而是必须考虑到离群值的存在。

保罗·约翰逊：这一精辟见解的关键在于"你必须考虑异常值"，马克斯的论述十分明确。

投资者之所以投资，是希望投资能带来投资结果，他们的分析会集中在可能发生的情况上。但是，一定不要只盯着预期发生的事而排除其他可能性……不要过度承担风险和杠杆，否则不利结果会摧毁你自己。近期信贷危机中，崩溃发生的主要原因是事态没有按照预期发展。

塞思·卡拉曼：同样的，对于买方的研究关注点较为单一且大多数类似于情境再现，因而会忽略可能出现的结果的范围。

金融危机是见所未见的事件与无法承受这些事件的高风险杠杆结构相碰撞的结果。举例来说，抵押贷款衍生品的设计和分级建立在房价不会出现全国性下跌的假设上，因为之前从来没有出现过这样的情况（或至少没有出现在近代的统计数据中）。但是接下来的房价大跌，建立在不可能出现大规模房价下跌的假设基础上的结构受到了重创。

另外，值得注意的是，某件事不可能发生的假设具有推动事件发生的潜力，因为认为事情不可能发生的人会采取高风险行动，从而导致环境发生改变。20多年前，“抵押贷款”这一术语与“保守”有着千丝万缕的联系。购房者付出房价的20%到30%作为首付；按照惯例，分期付款金额不高于月收入的25%；房屋被仔细地估价；借款人的收入和财务状况必须有文件证明。但在过去10年里，随着对抵押贷款证券化的需求越来越旺盛——部分是因为抵押贷款一直以来表现可靠，大家公认不可能出现全国性抵押贷款违约——许多传统规范遭到废弃。结果可想而知。

保罗·约翰逊：这是对2008年信用危机所做出的一个简单却极好的解释。

这令我想起一个令我们进退维谷的难题。投资者到底应该投入多少时间和资本来避免不太可能发生的灾难？我们可以防备每一个极端结果，例如同时防备通货紧缩和恶性通货膨胀。但这样做的成本太过高昂，而且当我们的保护性举措最后被证明是没有必要时，成本会减损投资收益……并且大部分时间里都会这样。假如再回到2008年，你也可以让你的投资组合表现良好，但那时你就只能持有国债、现金和黄金。这是一个切实可行的策略吗？也许不是。所以一般原则是，避免错误很重要，但必须有限度（限度因人而异）。

关于想象无能还有另一个重要方面。人人都知道资产有预期收益和风险，并且可以被预测。但很少有人了解资产的相关性：一种资产会对另一种资产的变化做何反应，或这两种资产会对第三种变化做何反应。理解并预测相关性的影响——进而理解并预测多元化的局限——是风险控制和投资组合管理的主要任务，但很难实现。不能正确预测投资组合内的协同运动是投资失败的一个关键原因。

投资者往往意识不到贯穿投资组合的共同线索。人人都知道，如果一家汽车制造商的股票下跌，共同因素将会导致所有的汽车股同时下跌。很少有人知道令所有美股（或所有发达国家股票，或全世界所有股票，或所有股票和债券等）下跌的共同因素是什么。

因此，想象无能首先是没有预测到未来可能发生的极端事件，其次是没有理解极端事件发生后的连锁后果。在近期的信贷危机中，有些怀疑论者可能曾怀疑过次级抵押贷款会出现大规模违约，但他们认为影响未必会超出抵押贷款市场。很少有人预见到抵押贷款的崩溃，更少有人预测到商业票据和货币市场基金因此而受累，或雷曼兄弟公司、贝尔斯登公司和美林证券不再作为独立公司而存在，或通用汽车公司和克莱斯勒公司会申请破产保护并请求紧急援助。

克里斯托弗·戴维斯：这是事实。

从很多方面来看，心理因素都是最令人感兴趣的导致投资错误的原因，它们可以极大地影响证券价格。当心理因素导致某些投资者持有极端观点并且无法被其他人的观点抵消时，就会导致价格过高或过低。这就是泡沫和崩溃的根源。

投资者如何在心理因素的影响下做出错误的投资？

- 屈从。
- 不知不觉地加入已被他人的屈从扭曲的市场。
- 未能利用市场的扭曲。

以上三点是同一件事吗？我不这么认为。让我们结合危害性最大的心理因素之一——贪婪——来剖析这三个错误。

当贪婪过度时，证券价格往往过高，进而造成预期收益过低，风险过高。资产代表着将会造成损失的错误……或可被利用的错误。

前面列出的三个错误中的第一个——屈从于不良影响——意味着贪婪并买进。如果你在赚钱欲望的驱使下，抱着资产将继续升值、策略将继续有效的侥幸，在价格过高时也不断买进，你就是在自寻烦恼。如果你以高于内在价值的价格买进——资产会从估价过高到估价超高，你必须得特别幸运才能获利而不亏损。当然，被推高的价格更容易导致后者而不是前者。

第二个错误，也就是我们所谓的失察错误。你可能没有被贪婪诱惑，举例来说，你的 401（k）计划可能以投资指数基金的方式稳定而被动地投资于股市。然而，加入（即使是不知不觉地）到一个已经被他人狂热的购买行为推高的市场，将会对你造成严重影响。

每一个不利影响和每一种“错误”市场，也都提供着获利而不是犯错的机会。因此，第三种形式的错误指的不是做错，而是没有做对。普通投资者能避免错误就算是万幸，而优秀投资者期待的却是从错误中获利。当贪婪导致股价过高时，大多数投资者希望不再买进甚至卖出。但是，优秀投资者可能会通过卖空而在价格下跌时获利。犯第三种形式的错误——例如，没有做空估价过高的股票——是另一种不同形式的错误，即“不作为”错误，不过可能也是大多数投资者愿意接受的错误。

如前所述，导致这些错误的心理因素是，出于“这次是不同的”的信念，投资者偶尔会乐于接受引起泡沫和崩溃的新奇理论。在牛市中，怀疑不足使得这种事情经常发生，因为投资者相信：

- 某些新发展会改变世界。
- 已经是陈规的模式（如商业周期的盛衰）将不再存在。
- 规则已经改变（如确定公司是否资信可靠及其债务是否值得持有的标准）。
- 传统价值标准不再适用（包括股票市盈率、债券收益率差或房地产资本化率）。

鉴于钟摆的摆动方式（见第9章），当投资者变得过于轻信而不再怀疑时，这些错误往往会同时发生。

为什么“世界第八大奇迹”会如愿发生在投资者身上？总有一个合理甚或复杂的解释。不过，解释者常常忘记提醒人们奇迹会偏离历史，它需要事情按照预想方向发展，许多其他的事情可能会发生，其他可能的结果中有许多会是灾难性的。

~

避免错误的关键的第一步是保持警惕。贪婪与乐观相结合，屡屡导致人们追求低风险高收益的策略，高价购进热门股票，在价格已经走高时仍抱着增值期望继续持有股票。后知后觉向人们展示了问题所在：期望是不切实际的，风险是被忽略了的。但是通过痛苦的经历来学习错误益处不大，关键在于设法预知错误，我要通过近期的信贷危机来阐明这一点。

市场就是课堂，每天在传授着各种经验教训。投资成功的关键在于观察和学习。2007 年 12 月，随着次贷问题的暴露以及蔓延到其他市场的可能性渐趋明朗，我开始总结我认为应该从其中学习的教训。当完成这项任务时，我意识到，这些教训不仅是最近一次危机的教训，而且是一直以来的教训。虽然我在其他地方陆续提到过不少，但在这里我要把这些教训集中在一起，希望你能从中获益。

保罗 · 约翰逊：下文的这些经验教训源于 2008 年的危机，都是一些十分清晰、睿智的洞见。而这场危机给无数证券投资组合和金融服务机构造成的毁灭性打击，则不必赘言。

我们从危机中学到了什么？或者应该学到什么？

- 过多的可得资本导致资金流向错误。当资本缺乏并急需时，投资者面临的是如何分配才能最大程度利用资本的抉择，他们的决策做得耐心而严格。但是，当过多资金追逐过少的交易时，就会出现不值得的投资。
- 当资金流向发生错误时，就会产生问题。当资本市场紧缩时，合格的借款人被拒之门外。但当资本过剩时，不合格借款人就能不劳而获地得到资本。违约、破产和亏损不可避免。

- 资金供给过量时，投资者要通过接受更低的收益和更低的错误边际来争夺交易。当人们想买某种东西时，他们以竞争性标售的形式竞争，出价越来越高。仔细思考你会发现，出价越高意味着金钱的回报越少。因此，投资者的出价可被视为投资者对收益要求和风险接受意愿的表述。

克里斯托弗·戴维斯：这就是为什么我们总会按照盈利回报率（市盈率的对立面）而不是市盈率来思考，这样做能够轻松地与固定收益选择进行比较。

- 普遍忽视风险会产生巨大的风险。"不会出问题的。""价格不高。""总有人愿意出更高的价格。""如果我不赶快行动，别人就会买下它。"这样的说法表明风险没有得到足够的重视。人们的想法是，因为自己在买进更好的股票或者在进行更加宽松的债务融资，所以收购交易可以维持越来越高的杠杆水平。这样的想法导致人们忽视了不良发展的风险以及高度杠杆化资本结构的固有危险。
- 尽职调查不足导致投资损失。防止损失的最好办法是进行透彻而精辟的分析，并坚持巴菲特所谓的"错误边际"。但在市场繁荣期，人们担心的是错过投资而不是资金损失，只有老顽固才会抱着怀疑态度费时费力地进行分析。
- 在市场过热期，资金集中流向大多经不起时间考验的新型投资。情绪乐观的投资者们关注的是能够赚钱的机会，而不是可能会出现的问题。渴望取代谨慎，促使人们接受他们并不理解的新型投资产品。过后他们会惊讶自己当时在想什么。

- 贯穿投资组合的隐形断层线能使看似不相关的资产的价格发生联动。预测一项投资的收益与风险比理解它相对于其他投资的进展更容易。相关性往往被低估，特别是在危机时期相关性进一步提高的时候。投资组合可能在资产类别、行业和地缘上有多元化的表现，但是在困难时期，非基本面因素如补充保证金通知、市场冻结和避险情绪高涨，可能会成为主导因素，对所有东西产生相似的影响。
- 心理和技术因素可以影响基本面。长期来看，价值的创造和毁灭由经济趋势、公司盈利、产品需求及管理水平等基本面因素驱动。但从短期来看，市场对投资者心理和技术因素高度敏感，影响着资产的供需。事实上，我认为自负是最大的短期影响因素。在这种情绪的推动下，任何事情都能发生，产生难以预料并且出人意料的结果。

乔尔·格林布拉特：市场最终会使自己回归正常。在短期内，心理和技术因素使得等待长期效益十分痛苦。不过，这通常是绝佳机会的来源。

- 市场变化导致模型失效。“宽客”基金的主要问题在于计算机模型和基本假设的失效。当电脑管理投资组合时，会试图通过以往有效的模型获利，但这些模型无法预测变化，无法预测异常时期，因而既往标准的可靠性被普遍高估了。

克里斯托弗·戴维斯：或者像巴菲特说的那样：“要意识到高手所起到的榜样作用。”

- 杠杆会放大收益，但不会增加价值。利用杠杆大力投资高承诺收益或高风险溢价的特价资产是很有意义的。但是，利用杠杆买进过多低收益或低风险价差的资产——换句话说，即已经被完全定价或过高定价的资产——可能是非常危险的。企图利用杠杆把低收益转化为高收益的尝试是毫无意义的。

保罗·约翰逊：这枚“子弹”——杠杆的作用——需要额外的强调，而大多数投资者并未承认这一金科玉律。

- 矫枉过正。当投资者心理极度乐观、市场“完美定价”时——建立在一切会永远好下去的臆测之上——就是资本损耗的前兆。因为投资者的预测过于乐观，不良事件时有发生，过高的价格仅在其自身重力下就有可能崩溃。

上述11个教训大部分可被归纳为一点：对你周围的不合格资金的供需关系以及人们想花掉资金的迫切程度保持警惕。我们都知道资本过少时捉襟见肘的感觉：有价值的投资销路极差，整体经济发展缓慢。这种现象被称为信贷紧缩。但是，相反的情况也不容忽视。目前还没有正式术语来描述这种情况，也许可以用“过多的资金追逐过少的投资”来描述。

无论怎么描述它，像2004~2007年我们看到的这种资本供给过剩伴随着谨慎缺乏都会威胁投资健康，必须加以识别和应对。

《这一次没有什么不同》，2007年12月17日

全球危机提供了一个绝好的学习机会，正如我在2007年12月的备忘录中

列举的，它涉及到许多严重的错误和教训。到处都是错误：在危机前的日子里，投资者满不在乎甚至情绪高涨。人们相信风险已经被驱除，因此他们唯一要担心的是错过机会落后于人而不是亏损。人们在不可靠的臆测基础上接受着风险过高且未经验证的投资创新。人们过分倚重晦涩的模型和“暗箱”、金融工程师和“宽客”，以及按照繁荣期的表现编制的业绩记录。杠杆叠加着杠杆。

霍华德·马克斯：最危险的事：高度的信任与相应的较低的怀疑能在很大程度上推动价格上涨，然后每个人都认为上涨速度过快。通过贷款来购买往往会推动价格大幅上涨，而祸患也会随之发生，并带来痛苦。这些都属于最危险的事。

几乎没有人知道会出现怎样的后果，但可能会有即将失败的预感。尽管识别和避免具体错误并不容易，但这是一个很好的时机，令我们意识到有许多错误潜伏在暗处，进而持有防御性更强的仓位。做不到这一点也是一个巨大的错误。

那么，投资者应怎么做呢？答案是：

- 留意他人的轻率举动。
- 做好应对低迷的心理准备。
- 卖出资产，或至少卖出风险更高的资产。
- 减少杠杆。
- 筹集现金（如果你为他人投资，那就把现金还给客户）。
- 加强投资组合的防御性。

在当时，采取其中任何一条措施都是有帮助的。尽管在2008年的崩溃中，几乎所有投资都表现不佳，但是只要多加小心，降低亏损和减少痛苦还是有可能的。完全避免衰退虽然几乎不可能，但是，相对优秀的表现（更少的损失）足以令你在衰退中做得更好，并且更加充分地利用反弹的机会。

危机中充斥着潜在错误：首先屈服并认输，进而退缩并坐失良机。在没有损失的时候，人们往往将风险视为波动，并且相信自己能够容忍。如果真是这样，他们就会顺应价格下跌，在低点时做更多的投资，继而享受复苏，在未来出人头地。但是，如果容忍波动维持镇静的能力被高估了——通常如此——那么在市场处于最低点时，错误往往就会显露出来。信心和决断的丧失，导致投资者在市场底部抛售，将下行趋势转变为永久损失，并且难以充分参与到随后的复苏中。这样的错误是投资中最大的错误——顺周期行为最不利的一面——因为它是永久的，也因为它在很大程度上会影响投资组合。

克里斯托弗·戴维斯：1975年，我们在戴维斯顾问公司经历了这一点。

乔尔·格林布拉特：投资者，了解你自己。你能在下跌时承受多少痛苦？这取决于你一开始进行特殊投资和投资分类时所选定的证券投资组合规模。

既然逆周期行为是避免近期危机全面影响的要素，那么顺周期行为就代表着潜在的最大错误。在市场繁荣期维持看涨仓位（或加仓）的投资者，为崩溃及随后的复苏准备得最不充分。

- 下跌有最大的心理影响。
- 追加保证金通知和没收附属抵押品消除了杠杆性工具。
- 持有问题股需要投资经理采取补救措施。
- 像往常一样，信心的丧失阻碍了人们在正确的时间做正确的事情。

尽管得不到优异的表现，但在衰退的市场中，人类的天性令防御型投资者及其客户因损失比别人少而得到安慰。这会产生两个重要影响。第一，令他们保持镇定，抵抗往往导致人们在低点抛售的心理压力。第二，令他们维持更好的心态与财务状况，更有能力逢低买进，在杀戮中获利。因此，他们通常在复苏期做得更好。

这无疑就是过去几年中发生的一切。信贷市场在2007~2008年遭受的打击尤其严重，因为信贷市场是创新产品、风险承担和杠杆使用的集中地。同样，信贷市场在2009年的盈利也达到了历史最好水平。在衰退期幸存并且逢低买进是获得成功——特别是相对成功——的准则，但前提是避免错误。

犯错虽然简单，但错误的形式多种多样——多到不胜枚举。以下是一些常见的错误形式：

- 分析过程中的数据或计算错误导致错误估价。
- 对各种可能性及其后果估计不足。
- 贪婪、恐惧、嫉妒、自负、终止怀疑、盲从和屈服（或兼而有之）达到极致。
- 最终，风险承担或风险容忍过度。
- 价格显著偏离价值。
- 投资者没有注意到这种偏离甚或推波助澜。

理想情况下，聪明而审慎的第二层次思维者会留意分析性错误与其他投资者的失败，进而做出正确的反应。他们在过热或过冷的市场中探查估价过高或过低的资产。他们调整路线，避免别人犯下的错误并期待从中获利。投资错误的定义很简单：价格偏离内在价值。而发现并避免错误就没有这么简单了。

第18章
避免错误

最令人迷惑并且最具挑战性的是，错误是不断变动的。有时价格过高，有时价格过低。价格与价值的偏离有时影响个别证券或资产，有时影响整体市场——有时影响这个市场，有时影响那个市场。有时做一件事会犯错，有时不做这件事也会犯错；有时看涨会犯错，有时看跌也会犯错。

当然，从定义来看，大多数人都会犯错误，因为如果不是他们的一致性，错误就不会存在。采取相反的行动需要逆向投资态度，而长期逆向投资会带来孤独感和错误感。

与本书中探讨的其他问题一样，如何避免错误、识别错误并采取相应的行动，是无法用规则、算法或线路图来表示的。我强调的是领悟力、灵活性、适应性以及从环境中发现线索的思维模式。

> 一种提高投资效果的方法——也是我们在橡树资本管理公司大力推行的——是思索今天的错误会是什么，然后设法避免它。
>
> 有时投资中可能出现以下错误：
>
> • 不买。

乔尔·格林布拉特：还有另一番广阔的天地，优秀的投资者并不会为此而担心。

> • 买得不够。
>
> • 在竞争性标售时没有坚持出价。
>
> • 持有太多现金。
>
> • 没有使用足够的杠杆。
>
> • 没有承担足够的风险。
>
> 这并不能代表2004年的情况。我从未听到过任何等待进行心脏手

术的人抱怨说“真想多上班”。同样，我认为不会有人在未来几年回过头来说：“真想在 2004 年多投资。”

相反，我认为 2004 年的错误会是：

- 买入过多。
- 买入过于积极。
- 出价太高。
- 杠杆使用过多。
- 为追求高收益而承担过多风险。

有时投资错误是不作为：有些事情你该做却没有做。我认为今天的错误可能是作为：有些事情你不该做却做了。有时需要积极进取，而我认为现在需要的是谨慎。

《今日的风险与收益》，2004 年 10 月 27 日

最后，重要的是要记住，除了作为（如买进）和不作为（如没有买进），还有错误并不明显的时候。当投资者心理平静、恐惧与贪婪平衡时，资产价格相对于价值可能是公允的。在这种情况下可能不需要采取紧急行动，知道这一点也很重要。不需要取巧的时候，自作聪明就会带来潜在的错误。

克里斯托弗 · 戴维斯：这是一个精彩的引述。

第 19 章

增值的意义

> 增值型投资者的表现是不对称的。他们获得的市场收益率高于他们蒙受的损失率……只有依靠技术，才能保证有利环境中的收益高于不利环境中的损失。这就是我们寻找的投资不对称性。

就风险与收益来看，达到与市场一致的表现并不难，难的是比市场表现得更好：增值。这需要卓越的投资技术和深刻的洞察力。所以在这里，在本书接近尾声的时候，我们又回到了第 1 章，回到了拥有特殊技术的第二层次思维者身上。

本章的目的是阐明增值对于经验丰富的投资者的意义。为了达到这一目的，我要介绍两个来自投资理论的术语：一个是 β 系数，衡量投资组合相对市场走势的敏感度；另一个是 α 系数，我将它定义为个人投资技术，或是与市场走势无关的获利能力。

如前所述，市场收益是很容易实现的。一个按照股票市值比例持有构成某一特定市场指数的所有证券的被动指数基金，就能得到这样的结果。它反映着所选指数的特征——如上涨潜力、下行风险、β 系数或波动、增长、昂贵或廉价、质量或差异——及其收益。它是投资的缩影，但不会增值。

于是我们可以这样说，所有股票投资者并非从一张白纸开始，而是存在着简单模仿指数的可能性。他们可以走出去，按照市场权重被动地买进指数内的股票，在这种情况下他们的收益会和指数保持一致。或者他们可以通过积极投资而非被动投资来争取更好的表现。

主动型投资者有很多选择。首先，他们可以决定投资组合比指数更积极还是更保守，是长期坚持还是尝试选择市场时机。举例来说，如果投资者选择积极进取，他们可以通过增持指数中波动性更高的股票或者利用杠杆来提高投资组合的市场敏感度。这样做会增加投资组合的“系统性”风险，即它的 β 系数。（不过，理论认为，尽管这些做法可以提高投资组合的收益，但是收益差异完全可以被系统性风险增加充分解释。因此，这样的做法不会提高投资组合的风险调整后收益。）

其次，投资者可以做出不同于指数的选择来锻炼自己的选股能力——在指数内，多买某些股票，少买或不买其他股票，然后再加上一些指数之外的股票。通过这种做法，他们可以减少投资组合对个别公司的特殊事件的暴露程度，从而避免只影响某些股票而非整个指数的价格变动。由于“非系统性”原因，他们的投资组合构成与指数构成出现分离，因此收益也出现偏差。不过从长期来看，除非投资者有远见卓识，否则这些偏差最终会被抵消，他们的风险调整后收益会与指数收益趋于一致。

在第 1 章中提到的悟性不高的积极型投资者比消极型投资者好不到哪儿去，不要指望他们的投资组合会有比被动型投资组合更好的表现。他们可能很努力地在尝试，很注重进攻或防守，或者在干劲十足地交易，但不要指望他们会得到比被动型投资组合更高的风险调整后收益。（由于承担非系统性风险以及不必要的交易成本，他们的收益还有可能更低。）

这并不意味着如果市场指数上升 15 个百分点，每个非增值型积极投资者都会得到 15%的收益。他们持有不同的积极投资组合，其中一些的表现会比其他的好……不过并不持久或可靠。他们共同反映整体市场，但每一个投资组合都有自己的特性。

举例来说，可以认为风险偏好型积极投资者在繁荣期比指数表现得好，在衰退期比指数表现得差。由此引入β系数。β系数在理论上表示相对波动性，或是投资组合收益相对于市场收益的表现。β系数大于1的投资组合的波动性高于参照市场，β系数小于1则意味着波动性较低。在忽略非系统性风险的前提下，β系数乘以市场收益即为特定投资组合的预期收益。如果市场上涨15%，那么β系数为1.2的投资组合的收益将是18%(加或减α系数)。

理论分析信息后认为，收益的提高是β系数增加或系统性风险所致。理论还认为，收益不会为补偿系统性风险之外的风险而提高。这是什么原因呢？根据理论，市场所补偿的风险是投资中内在的、不可避免的风险：系统性或“不可分散性”风险。其余风险则来自持股决策：非系统性风险。既然这种风险可以通过多元化来消除，投资者就不应为承担这种风险得到额外的收益补偿。

根据理论，投资组合表现（y）的计算公式如下：

$$y=\alpha+\beta x$$

在这里，α代表α系数，β代表β系数，x是市场收益。投资组合相对于市场的收益等于它的β系数乘以市场收益，再加上α（技术相关性收益）就是总收益（当然，理论认为α系数是不存在的）。

克里斯托弗·戴维斯：不过，这个β系数是衡量风险的标准吗？这看起来与之前关于风险的讨论有一点儿背道而驰。但是，即使这个β系数并不是最有意义或最有用的工具，然而橡树资本管理公司在风险调整后收益这一方面仍表现得十分出色。

如前所述，虽然我不认同风险就是波动，但是我仍然强调，要根据整体风险考虑投资组合收益。利用高风险投资组合赚取18%收益的投资经理，未必比用低风险投资组合赚取15%收益的投资经理更加高明。风险调整后收益才是关键，尽管我认为最好的评估投资组合表现的方法是主观判断而不是科学计算，因为风险（而不是波动）是无法量化的。

乔尔·格林布拉特：对于商科的学生（也许学习过其他的知识）而言，这是一个十分重要的概念。

当然，我也不认同等式中α为零的说法。投资技术是存在的，尽管并非人人都有。只有考察风险调整后收益，才可能确定投资者是否具有远见卓识、投资技术或α系数……即投资者是否能够提升价值。

α-β模型是一种评估投资组合、投资组合经理、投资策略以及资产配置方案的好方法。它是一种条理分明的方法，可以帮助我们思考收益有多少来自环境、有多少来自投资者对价值的提升。举例来说，显然下面这位投资者没有任何技术：

时间	基准收益	投资组合收益
1	10	10
2	6	6
3	0	0
4	–10	–10
5	20	20

下面这位投资者也没有技术（业绩只有基准收益的一半）：

时间	基准收益	投资组合收益
1	10	5
2	6	3
3	0	0
4	–10	–5
5	20	10

这位投资者也没有技术（业绩是基准收益的两倍）：

时间	基准收益	投资组合收益
1	10	20
2	6	12
3	0	0
4	–10	–20
5	20	40

这位投资者有些技术：

时间	基准收益	投资组合收益
1	10	11
2	6	8
3	0	–1
4	–10	–9
5	20	21

这位投资者的技术水平较高：

时间	基准收益	投资组合收益
1	10	12
2	6	10
3	0	3
4	–10	2
5	20	30

如果你能容忍波动，那么这位投资者的技术水平最高：

时间	基准收益	投资组合收益
1	10	25
2	6	20
3	0	–5
4	–10	–20
5	20	25

这些表格表明，“战胜市场”和“卓越投资”相去甚远——见第三个例子的时间1和时间2。关键不仅在于你的收益是多少，而且在于你为获取收益所承担的风险有多大。

《收益及其获得方法》，2002年11月11日

在评估投资者的技术以及比较防御型投资者和积极进取型投资者的投资业绩的时候，记住这些考虑因素很重要。你可以将这一过程称为风格调整。

在衰退期，防御型投资者的损失少于积极进取型投资者。他们提升价值了吗？未必。在繁荣期，积极进取型投资者比防御型投资者赚得更多。他们做得更好吗？如果不做进一步调查，很少有人会同意这种说法。

单单一年的结果基本上是反映不出技术的，尤其是当结果与符合投资者风格的预期收益相一致时。高风险承担者在市场上涨时获得高额收益，或保守型投资者在市场下跌时最小化损失，相对来说也很难说明什么。关键在于他们的长期表现，以及他们在与自身风格不相符的市场环境中所取得的表现。

可以通过一个 2 × 2 矩阵来说明问题。

	积极进取型投资者	防御型投资者
无技术	市场上涨时获利丰厚，市场下跌时损失惨重	市场下跌时损失不多，但市场上涨时获利也不多
有技术	市场上涨时获利丰厚，市场下跌时不会造成同等程度下跌	市场下跌时损失不多，但市场上涨时获利颇丰

这一矩阵的关键是收益的对称性或不对称性。缺乏技术的投资者赚到的收益仅仅是市场收益以及他们的风格使然。没有技术的激进型投资者会朝两个方向大幅波动，防御型投资者则朝两个方向小幅波动。这些投资者在他们的风格之外没有任何贡献。当他们的风格受欢迎时会表现良好，反之则表现不佳。

另一方面，增值型投资者的表现是不对称的。他们获得的市场收益率高于他们蒙受的损失率。有技术的积极进取型投资者在牛市里表现良好，但是不会在相应的熊市中把赚到的钱全赔回去，而有技术的防御型投资者在熊市中损失相对较少，在牛市中获利相对较多。

在投资中，一切都有利有弊并且是对称的，只有卓越技术除外。只有依靠技术才能保证在有利环境中的收益高于在不利环境中的损失。这就是我们寻找的投资不对称性。卓越技术是获得不对称投资的先决条件。

乔尔·格林布拉特：再次强调，技艺精湛的投资者实质上是在践行理解投资的过程，而不仅仅是对近期的收益进行估价。

以下是橡树资本管理公司的业绩愿景：

在市场繁荣期，达到平均表现即可。在繁荣期人人都能赚钱，为什么一定要在市场表现良好时战胜市场呢？我还没见过谁能给出令人信服的理由。不，在繁荣期达到平均表现就足够了。

不过，有一个时期是我们认为有必要战胜市场的，那就是在衰退期。我们的客户不愿首当其冲面对市场损失，我们也不愿这样。

因此，我们的目标是，在市场表现良好时与市场表现一致，在市场表现不好时超越市场表现。初看似乎过于稳健，但实际上这是一个相当宏大的目标。

为了在市场表现良好时与市场表现保持一致，一个投资组合必须有适当的β系数和市场相关性。但是，如果在市场上涨时我们得益于β系数和市场相关性，它们会不会在市场下跌时伤害我们？

如果我们能持之以恒地做到在市场衰退时损失更少、在市场上涨时充分参与，那么原因只有一个：α系数或技术。

乔尔·格林布拉特：然而，与橡树资本管理公司不同，许多投资公司会进行大量的评估，并以此作为可供长线投资参考的良好记录。有了更多的资本后，大多数投资经理会进行不同的投资，而不是像他们之前那样建立出色的投资记录。当投资机会出现紧缩迹象时，橡树资本管理公司便会获得资本回报。很少会有投资者能遵循这一方法。

这是一个增值型投资的例子，已历经数十年的验证，只能是投资技术使然。不对称性——上涨时的收益高于下跌时的损失，并且超过单纯投资风格所致的结果——应成为每一位投资者的目标。

第20章

合理预期

关于收益的期待无疑是合理的。任何因素都会将你置于麻烦之中，其通常表现为令人难以接受的风险。

我想指出，没有哪一种投资行为会轻易成功，除非其收益目标在绝对和相对的风险之下是明确且合理的。每一种投资的结果应该以你试图实现的目标作为开始。关键问题在于，你的收益目标是什么，你能承受多大的风险，你暂时需要多少流动资金。

收益目标必须是合理的。我们能够追求什么样的收益呢？大多数时候——尽管在任何特殊的时间点，这并不是必要的（甚至在今天也不是必不可少的）——追求个位数或低于两位数的收益可谓合情合理。高利润则十分罕见，这通常被视为是有经验的投资高手（只有他们中的少数佼佼者）的领域。而那些特殊的持续性收益也是一样。对这些方面抱有过高的期待往往会令人失望或者蒙受损失。只有一个解决方法：问问自己，你所期待的收益是不是好得不像是真的，这需要你采取怀疑的态度——毋庸置疑，这对于取得投资的成功非常重要。

我不认为普通的风险和资本市场的基本作用能够带来可观的收益。较高的收益是“反常的”，要想实现这一目标需要结合以下这些要求：

- 在极度低迷的市场环境中买进（希望能有一个良好的卖出环境）
- 杰出的投资技能
- 强大的风险承受能力
- 强有力的杠杆，或者是
- 好运气

因此，投资者应该这样来追逐收益——只有自己相信这些要素中的一部分，并且愿意为此下赌注。然而在某种程度上，这其中的任意一项都是会有问题的。绝佳的买入机会并不是每天都有。非同一般的技能名副其实——实属罕见。当出现差错时，风险承受能力会对你不利。杠杆也是如此，它作用于两个方向——放大危险同样提升赢利。绝对不能指望凭借运气取胜。技能是转瞬即逝的要素，但是它十分罕见（在低收益的环境中，就连技能都不一定能带来高收益）。

关于合理预期的重要性有几个特例，没有哪一个能比最近发生的麦道夫骗局更引人注目了。

随着伯纳德·麦道夫操控的史上涉案金额最大的“庞氏骗局”真相大白，人们发现，他之所以屡屡侥幸得手，其原因在于他的投资客户未能质疑他所宣称的投资收益是否具有可行性。

麦道夫宣称的投资收益并不是超乎寻常的高：一年的投资收益率为10%左右。特别之处在于，他每年都能实现这一目标，甚至在状况不佳的时候也是如此。然而，他的客户中很少有人会质疑这些收益是如何实现的以及是否合情合理。

第20章
合理预期

在20世纪的大多数时候，普通股的平均投资收益率为10%，但是这期间会经历持续的浮动和多年的低潮。事实上，尽管有10%的平均值，单一年份的投资收益率很少能达到10%。历史证明普通股的平均投资收益率是有着较大浮动的。

如果你追求的是可靠的收益，你可以选择短期国债，这可以使你免于考虑价格波动、信用危机、通胀危机以及流动性不足。不过，短期国债的收益率向来不高。

麦道夫是如何保持像短期国债一样的稳定性，并在此基础上实现较高的股票收益率的？在前面列出的5项要素中，他具备了哪几项？

- 在近20年的时间里，无论投资情况好坏与否，他一直都对外宣称取得了投资收益。
- 没有人了解他的特殊投资技能，也不知道他的计算机模型有何特殊之处，又是什么使他得以瞒天过海不为人发现？
- 他所宣称的结果并不是基于他对市场走向的预测或选取个股的能力。
- 他公开宣称的方法中并没有包括杠杆。
- 没有人能够走运如此之久。

麦道夫的收益简单得毫无道理。他的投资客户既没有“进行过调查”，也没有“认为这是合理的”。他的方法和结果有着难以承担的后果：他的资本无以维系，而他所描述的方法在亏损的时间段内也是毫无用处的。但是，人们往往在被告知意外之财唾手可得的时候，会丧失理智并开始做出非理性的预期。麦道夫骗局是一个例外，它不同于“好得不像是真的”这一关于不合理预期的重要判断标准。但是，很少有人能够保持清醒。

通过麦道夫骗局，我想提出一个好方法来区别合理和非合理预期。除了问“这是否好得不像是真的”之外，再问一句“为什么会是我”。当销售人员在电话里向你推销一种有保障的生财之道时，你应该思考一下，他为什么会推荐给你而不是自己留着。同样，如果一个经济学家或分析师向你推荐一种“在未来肯定会发生的”观点时，你应该质疑一下，既然金融衍生工具可以被用来将正确的预测转变为巨额收益（无须投入大量资金），那么他（或她）为什么仍然在为生计奔波？

每个人都想知道如何做出正确的判断并获得投资的成功，最近有人问过我：“你怎么确定你是在处于低谷时进行投资，而不是投入得太早？”发现低谷能让我们的预期变得合理。我的回答很简单：“你无法确定。”

“低谷”是一个节点——此时，某一资产的价格停止下跌并蓄势待发等候上涨。这只有通过回溯才能得以确定。

如果市场是合理的，不会出现低于实际价值的贱卖，而价格一旦过低，这时我们就可以认为是到达了低谷。但是，由于市场一直处于迭代过度——价格在降至其实际价值后仍下跌不止，因此无法预测价格何时才会停止下跌。理解“便宜”绝不等于“不会大跌”是十分必要的。

我试着用一种逻辑化的方法来看待低谷。在下跌期间，有三个时机可以买进：下跌时、跌至谷底时、上涨时。我不认为我们会知道何时到达低谷，就算我们能够发现，这对于买进资产也并无太大的助益。

如果我们等到低谷已过、价格开始回升的时候，不少人会因为价格上涨而买进，这使得持有者坚定了信心并且不会卖出。而资金补给不足则使得难以大量购买。这时候，买家便会发现为时已晚。

这使得买进行为开始降温，而这正是我们所希望看到的。好消息是，如果在价格下跌时，我们选择买进，而别人却以“没有必要空手接落刀”为借口不敢行动。不过，当刀如雨下的时候，最好的交易往往在此时应运而生。

伏尔泰曾经说过一句至理名言："完美是优秀的敌人。"这对于投资领域极为适用，只有当条件达到完美时，人们才会坚持投资——例如，只在低谷时买进——这会令你错失很多机会。在投资中坚持完美往往会一无所获，我们所能期待的最佳情况是尽可能地进行大量的明智投资，在最大程度上规避糟糕的投资。

橡树资本管理公司是如何解决"应该在何时买入"这个问题的？我们会放弃追求完美，以及不会执着于确定何时到达低谷。更确切地说，如果我们认为出现了便宜货，我们就会买进。如果价格更加低廉，我们就会买得更多。要是我们投入了全部资本，我们理所应当会获益更多。

在我们的6条投资哲学当中，有一条是提倡"否定市场时机"的。我们花费了大量的工夫去分析市场环境，绝不会在没有考虑风险和收益的前提下贸然投资。更确切地说，在上述这些条件下，我们对市场时机不感兴趣，除非能够发现一些较有吸引力的要素。我们绝不会这样说："今天的价格很便宜，但是我们认为在半年内还会更加便宜，所以让我们等待观望吧。"寄希望于在低谷时买进是不切实际的。

~

除了过多的信任和缺乏风险意识之外，我认为不切实际的预期在近期的金融危机中首当其冲，继而引起了市场崩溃。

下面是我的想象——在2005~2007年期间，投资者对于收益的典型态度，其中包括了个人投资者和机构投资者。

> 我需要8%。不过，我更乐意获得10%。12%更加不错，15%就是锦上添花。20%……好极了。30%……这真是棒极了。

大多数人会认为这段想象中的内心独白无可厚非。不过，这其中有一些问题，因为投资者没有质疑既定目标是否合理，以及如何才能实现既定目标。真相是，试图在既定环境中获得高额收益往往需要加大风险承担：例如，有着较大风险的股票或债券、高度集中的投资组合，或者增加杠杆的作用。

典型的投资者应该这样形容自己对于收益的态度：

> 我需要8%。不过，我更乐意得到10%。12%更加不错，但是我不会想要更多了，因为这样会加大我无法承受的风险。我不需要获得20%那么多。

我鼓励你去考虑一下“足够好的收益”，认识到不值得费力去获取高收益以及没有必要去承担风险是很有意义的。

投资预期必须是合理的。背负无力承担的风险，任何投资都会让你身陷困境。在你接受所谓的天价收益——无风险、有着稳定且高于短期国债的“绝对收益”之前，你理应质疑它们能否实现，而不仅仅是为之倾倒。考虑一下：一个投资者如何运用自己的技能合理地使之成为现实，为什么你能够获得看似划算的潜在赢利机会？换言之，这些是否“好得不像是真的”？

第 21 章

最重要的事

成功的投资或成功的投资生涯的基础是价值，你必须清楚地认识到你想买进的东西的价值。价值包括很多方面，并且有多种考察方法。简单来说，就是账面现金和有形资产价值，公司或资产产生现金流的能力，以及所有这些东西的增值潜力。

保罗 · 约翰逊：这一章中的所有摘要都是值得一读并牢记的。本章出色地对全书进行了扼要重述，而且值得投资者特别注意并定期重温。

为取得卓越的投资结果，你必须对价值有深刻的洞察。因此你必须学会别人不会的东西，以不同的视角看待问题，或者对问题分析得更到位——最好三者都能做到。

你必须以可靠的事实和分析为基础，建立并坚持自己的价值观。只有这样，你才能知道买进和卖出的时机。只有拥有良好的价值感，你才能培养在资产价格高涨并且人人认为会永远上涨的时候获利的纪律，或在危机时甚至价格日益下跌时持仓，并以低于平均价格买进的勇气。当然，为达到在这些情况下获利的目的，你对价值的估计必须准确。

价格和价值的关系是成功投资的关键。低于价值买进是最可靠的盈利途径，高于价值买进则很少奏效。

乔尔·格林布拉特：这是所有优秀投资背后的基本原则。

导致资产低于价值出售的原因是什么？买入机会存在的主要原因是对现实认识不足。高品质是显而易见的，发现便宜货则需要敏锐的洞察力。出于这个原因，投资者往往把客观优点误以为是投资机会。优秀的投资者却从未忘记，他们的目标是买得好，而不是买好的。

除了提高获利潜力之外，以低于价值的价格买进还是限制风险的关键因素。买进成长型股票或参与“热门”动量市场都起不到这样的作用。

价格和价值的关系受心理和技术的影响，这是两种可以在短期内主导基本面的力量。这两个因素所致的极端价格波动提供了获利或失误的机会。为了得到前者而不是后者，你必须坚持价值的概念并应对心理和技术因素。

经济与市场周期上下波动。无论此刻它们朝向哪个方向运动，都会有大多数人相信它们会朝着这个方向永远走下去。这样的思想非常危险，因为它会扰乱市场，将价格推向极端，引发多数投资者难以承受的泡沫与恐慌。

同样，投资者的群体心理也呈现有规律的钟摆式波动——从乐观到悲观，从轻信到怀疑，从唯恐错失良机到害怕遭受损失，从急于买进到迫切卖出。钟摆的摆动导致人们高买低卖。因此，作为群体中的一员注定是一场灾难，而极端时的逆向投资则可能避免损失，取得最后的胜利。

特别值得一提的是，风险规避——适度的风险规避是理性市场必不可少的组成部分——有时过少，有时过度。投资者在这方面的心理波动是产生市场泡沫和崩溃的重要原因。

永远不要低估心理影响的力量。贪婪、恐惧、终止怀疑、盲从、嫉妒、自负以及屈从都是人类本性，它们强迫行动的力量是强大的，尤其是在它们达到极致并且为群体共有的时候。群体会影响他人，善于思考的投资者也会察觉到它们的影响。任何人都不要奢望对它们免疫和绝缘。不过，虽然我们能感知到它们的存在，但是我们绝不能屈从；相反，我们必须识别并对抗它们。理性必须战胜情感。

大多数趋势——看涨与看跌——最终总会发展过度。较早意识到这一点的人会因此而获利，较晚参与进来的人则因此而受到惩罚。由此推导出我最重要的一句投资格言："智者始而愚者终。"抵制过度的能力是罕见的，但却是大多数成功投资者所具备的重要特质。

~

我们不可能知道过热的市场将何时冷却，也不可能知道市场将何时止跌上涨。不过，虽然我们不知道将去向哪里，但我们应该知道自己身处何方。我们可以通过周边人的行为推知市场处在周期中的哪个阶段。当其他投资者无忧无虑时，我们应小心翼翼；当投资者恐慌时，我们应变得更加积极。

~

不过，即使逆向投资也不会永远带来收益。买进卖出的大好机会与极端价格相关，而就定义来看，极端价格是不会天天出现的。我们势必要在周期中的其他时候买进卖出，因为很少有人会满足于几年一次的操作。当局势对我们不利时，我们必须能够识别出来，并且采取更加谨慎的行动。

~

在价值坚挺、价格低于价值以及普遍消极心理的基础上买入，很有可能会取得最好的投资结果。然而，即使这样，在形势按照我们的预期发展之前，也可能会有很长一段时间对我们不利。"定价过低"绝不等同于"很快上涨"。这就是我第二句重要的格言："过于超前与犯错没有区别。"在证明我们的正确性之前，我们需要足够的耐心与毅力长期坚持我们的立场。

~

除了具备衡量价值的能力并且在定价适中时追求价值之外，成功的投资者还必须有正确应对风险的方法。他们必须突破学院派将风险等同于波动的定义，并且理解最重要的风险是永久损失的风险。他们必须认识到，提高风险承担不是投资成功的必胜手段，他们还必须认识到，高风险投资会导致更广的结果范围和更高的损失概率。他们必须了解每项投资的损失概率，并且只在回报极为可观时承担这样的风险。

大多数投资者都简单地把注意力放在收益机会上。一些领悟力较高的人认识到理解风险和获取收益同等重要，但是极少投资者具备了解相关性这一控制投资组合整体风险的关键因素所需的素质。由于相关性差异，具有相同绝对风险的个别投资能够以不同的形式组成不同风险级别的投资组合。大多数投资者认为多元化指的是持有许多不同的东西，很少有投资者认识到，只有投资组合中的持股能可靠地对特定环境发展产生不同的反映时，多元化才是有效的。

尽管积极进取型投资在正确时能够带来令人振奋的结果——特别是在繁荣期，但它产生的收益不像防御型投资那么可靠。因此，损失少而轻是产生最好投资记录的部分原因。橡树资本管理公司的信条“避免致败投资，制胜投资自然会来”多年来一直适用。一个每项投资都不会产生重大损失的多元化投资组合，是投资成功的良好开端。

风险控制是防御型投资的核心。防御型投资者不仅会努力做正确的事，还非常强调不做错误的事。因为在逆境中生存与在顺境中将收益最大化是相矛盾的，所以投资者必须决定两者之间的平衡。防御型投资者更注重前者。

~

错误边际是防御型投资的关键要素。尽管在未来按照预期发展时大多数投资都会成功，但是在未来不按预期发展时，错误边际能够保证结果的可接受性。投资者获得错误边际的方法有：强调当前有形而持久的价值，只在价格低于价值时买进，避免使用杠杆，多元化投资。强调这些因素会限制你在繁荣期的收益，但是在形势恶化时，它能最大限度地提高你全身而退的机会。我最喜欢的第三句投资格言是："永远不要忘记一个6英尺高的人可能淹死在平均5英尺深的小河里。"错误边际能带给你持久力，帮你度过市场低迷期。

~

风险控制和错误边际必须时刻在你的投资组合中体现出来。但你必须记住，它们是"隐蔽资产"。市场多数时候处于繁荣期，但是只有在衰退期——潮水退却的时候——才能凸显防御的价值。因此，在繁荣期，防御型投资者必须知道，自己的收益（尽管可能不是最高）已经取得了适当的风险保障……即使事后证明这种风险规避是不必要的。

~

投资成功的基本要求之一，也是最伟大的投资者的必备心理之一，是认识到我们无法预知宏观未来。很少有人（如果有的话）对未来经济、利率、市场总量有超越群体共识的看法。因此，投资者的时间最好用在获取"可知"的知识优势上：行业、公司、证券的相关信息。你对微观越关注，你越有可能比别人了解得更多。

~

很多投资者认为自己知道经济和市场的未来走势（并采取相应的行动），

实则不然。他们根据自己对未来的认识采取积极的行动，但很少能够取得理想的结果。建立在坚定但不正确的预测基础上的投资，是潜在损失的根源。

很多投资者——无论业余的还是专业的——认为，世界是有序运行的，是可以被掌握并预测的。他们往往忽视了隐藏在未来发展之下的随机性和概率分布。因此，他们将行动建立在他们对未来的唯一预期结果之上。这种做法有时候能够奏效，并为投资者赢得赞誉，但不足以带来长期而稳定的成功。无论是在经济预测还是投资管理中，都会有人是完全正确的，但一个人很少有持续正确的时候，这样的结果是没有任何价值的。最成功的投资者在大部分时间里都“接近正确”，这已经远比其他人做得更好了。

保持正确的关键在于避免经济波动、公司困境、市场震荡以及投资者轻信所带来的错误。虽然没有避免错误的必胜方法，但是毫无疑问，意识到这些潜在危险就是避免身受其害的良好开端。

无论是在衰退期限制损失的防御型投资者，还是在繁荣期争取收益的积极进取型投资者，都已经证明自己是有技术的。想要得到投资者真的是在提升价值的结论，我们必须考察他们在与自己投资风格不相符的环境下的表现。积极进取型投资者是否能在市场下跌时减少损失？保守型投资者能否在市场上涨时积极参与？这种不对称性就是真实技术的体现。投资者的制胜投资是否多过致败投资？制胜投资的收益是否大于致败投资的损失？繁荣期所带来的利益是否高于衰退期所带来的痛苦？长期结果是否好过单纯由投资者风格带来的结果？这些能力都是优秀投资者的标志。如果做不到这些，可能得到的收益就是市场收益与 β 系数的乘积。

只有拥有非凡洞察力的投资者才能稳定而正确地预测支配未来事件的概率分布，并发现隐藏在概率分布左侧尾部的不利事件下的潜在风险补偿收益。

霍华德 · 马克斯：理解不确定性：上述文字极好地说明了该如何应对不确定性：感觉到这些事情会发生，互相之间具有一定的相似性，评估价格（从该价格中获得潜在的利润）能否从当下的不确定性中提供可观的潜在回报。

这一对成功投资的要求的简单描述，建立在对各种可能收益和不良发展风险的理解基础上，捕捉到了你应该注意的要素。我把成功投资的任务托付给你，它会带给你一个富有挑战性的、激动人心且发人深省的旅程。

乔尔 · 格林布拉特：很好地理解价值以及如何对待价格浮动是成功投资的关键。尽管很多聪明人能够掌握价值评估的技能（特别是当他们可以训练有素地停留在巴菲特所谓的“能力范围内”），而绝大多数的投资者则是无法适应瞬息万变的市场和个股异常波动的。这也就是为什么马克斯在书中所提到的经验教训如此重要，我很高兴能够一遍又一遍地阅读本章（还有全书）——这是一本货真价实的投资经典著述。